广东省中小学新一轮“百千万人才培养工程”系列丛书

三尺讲台 万千世界

李彩芳 著

广东高等教育出版社
Guangdong Higher Education Press
·广州·

图书在版编目（CIP）数据

三尺讲台　万千世界/李彩芳著. —广州：广东高等教育出版社，2020. 10

（广东省中小学新一轮“百千万人才培养工程”系列丛书）

ISBN 978 –7 –5361 –6843 –5

Ⅰ. ①三…　Ⅱ. ①李…　Ⅲ. ①小学 – 校长 – 学校管理 – 文集　Ⅳ. ①G627. 1 –53

中国版本图书馆 CIP 数据核字（2020）第 161085 号

出版发行	广东高等教育出版社 地址：广州市天河区林和西横路 邮政编码：510500　电话：（020）87553335 http://www. gdgjs. com. cn
印　　刷	广州市穗彩印务有限公司
开　　本	787 毫米 ×1 092 毫米　1/16
印　　张	6. 5
字　　数	121 千
版　　次	2020 年 10 月第 1 版
印　　次	2020 年 10 月第 1 次印刷
定　　价	22. 00 元

总序

做有文化自觉的现代教育者

中国的中小学校从没有像如今这样呈现出群体性的文化觉醒，也从没有像如今这样流露出普遍性的文化焦虑。

随着教育改革日益进入深水区，中国教育发展的整体态势已经有了很大的改变。在“教育与中国未来30人论坛”上，对于基础教育面临的困境，我着重谈了三个问题：核心素养、课程改革与评价体系。我们高兴地看到，短短几年时间，随着中国学生核心素养体系的提出、新课程改革的深化，以及新的考试招生制度改革逐步落地，这些问题都慢慢有了日渐清晰的答案。

于是新的问题也随之而来，因为这一系列的教育改革意味着，好学生、好学校、好教育的标准变了，尽管分数和升学率仍很重要，但对学校来说仅有分数和升学率已经着实拿不出手了。这时候，无论校长还是教师都强烈感受到一种认同危机，我们如何衡量自我的教育价值，又如何找准自身在教育发展中的定位？

同样让人感到焦虑的还有，仅仅是十多年时间，中国教育面临的外部环境也已经今非昔比。当世界变得日益“平坦化”，当中国教育者日渐频繁地参与到国际教育文化的交流对话中，我们对国际教育有了更为深入、客观的观察与理解，不再用仰视的态度去看待国际教育理念与经验，而是多了一份平视的、冷静的省察视角。这又意味着，中国教育的参照系也发生了变化，“我是谁”“我从哪里来”“要到哪里去”，诸如此类的身份迷茫进一步加剧了。

这样的教育内外环境变化带来的学校文化嬗变的阵痛，既是我们推进中小学教育人才队伍建设的动因，也是我们希望找寻新的学校教育价值观，让学校教育者重新审视自我，得以安身立命的教育命题。

就是在这样的背景下，2012 年 10 月，广东省启动了新一轮的中小学“百千万人才培养工程”。该项目的目的也很明确，就是要在这个“呼唤教育家辈出”的时代，培养出一大批具有较高理论素养和实践能力的，在全省乃至全国处于领军地位并发挥示范作用的名教师、名校长和教育家。为响应这一感召，华南师范大学作为重要参与方之一，责无旁贷地承担了其中的“教育家培养项目”“中学名校长培养项目”“高中文科类名教师项目”和“高中理科类名教师项目”四个子工程。

呈现在大家面前的这套丛书，既有通过教师职业研究、教育教学思想及学科教学等内容的阐述，从教育家、名校长、名教师的角度介绍了自身的成长经历及在四年培养过程中的点滴感悟，也有由华南师范大学在项目培养期间提炼打造的学习成果专著。这套丛书既是几年来上述四个培养项目的成果显现，也是在高等师范院校引领下，一批优秀中小学名师、名校长对自身教育实践的理念升华和思想凝练；同时又是面对曾经的学校教育定位和身份认同的困惑与迷茫，尝试进行的新时代学校教育文化的重新认识与建构，或者说，是素质教育校本化表达的“广东智慧”“广东方案”。

我们看到，经历了从站起来、富起来到强起来的当代中国，越来越重视价值建构、阐释与传播，也展现出越来越强的文化自信。我们的学校教育、我们的校长和教师也应如此。

见微知著，今天的学校教育需要重新进行价值建构与定位，需要更有文化自觉的教育者。也因此，在项目实施过程中，我们明确了以教育思想、办学思想和教学思想为培养主线，通过“五个结合”，即理论研修和行动研究相结合、导师引领与个人研修相结合、脱产学习与岗位研修相结合、国内学习与海外研修相结合、研修提升和示范引领相结合，帮助参加项目的校长和教师学员升华实践，凝练思想。

成效令人欣慰！在项目平台上，一大批校长和教师的文化意识被唤醒，他们认真审视自己的教育实践历程，在反思中努力形成自己对教育教学的个性化理解，进而建构自己的教育理念体系和教育实践模型，形成了具有一定理论基础的、特色鲜明的办学思想和教学思想。从个体而言，他们在项目的催化下实现了精神成长，增进了对教育本质的理解，对所从事的事业有了更深的价值认知，也有了更高的期待。从整个基础教育改革而言，他们用这样的行动为教育研究提供了一个个鲜活的样本，丰富了当代的实践教育学。

同样值得重视的一个价值动向，是校长和教师们在中外教育的对话与比较中，开始渐渐觉醒的教育主体意识和文化自信。在项目培训实践中，我们创造条件让学员走出国门，深入考察美国教育、芬兰教育，重视国际教育交流对话。就在这个过程中，校长和教师们不再是“言必称希腊”，而是以更为理性、平和的态度对待异域经验。他们在发现好的经验与做法时，能够以积极建设的态度“把美好带回家”，但又不是一味“拿来”，更多学会从不同文化背景、不同发展阶段来理解教育差异。尤其难得的是，他们在中外教育比较中重新认识到，中国的学校教育也有其应该坚持的特色，我们既要学人之长、补己之短，又不能丢了自己原有的好东西。

中国的基础教育需要走向国际化，需要强化自身的国际化人才培养功能，但国际化不是否定自我，对外来经验全盘接受，而是要在平等参与国际教育合作、交流中，增进国际理解，倡导求同存异。这就好比茶与咖啡，无所谓优劣，仅关乎趣味。

从这个角度来说，作为项目成果的这套丛书，既是这些校长和教师对个人教育思想观念的梳理提炼，更是中国一线教育工作者对基础教育国际化的真诚思考：什么是国外基础教育的优势？什么是中国基础教育的特点？我们该向人家学习什么？又该坚持和发扬什么？

这同时又是一份珍贵的成长见证。几年来，这些校长和教师不少已成为广东中小学教育的领军人才，还有的已经在全国崭露头角。他们从整体上构成了新时代岭南教育的风格特色，成为一支闪现思想锐气、富有改革精神的“教育新势力”。

正是有感于这样蓬勃的生长态势，两年前，我们打造了被称为“中国教育 TED”的品牌活动——“山长讲坛”，让广东的名师、名校长可以有一个广泛传播、分享教育思想和学术风采的现代平台。在“山长讲坛”第一季的首场演讲中，我说，校长应当成为师生的精神领袖，在真善美境界中求得宁静，在精神层面引领师生的发展，通过凝练、传播和践行三个层面，逐步清晰自己的教育思想和办学理念、形成独特的办学主张。

就在前不久，以“粤教育·粤精彩——唱响岭南教育流派”为主题，新一轮广东省中小学（幼儿园）名师、名校（园）长工作室主持人高峰论坛在华南师范大学举行，有70多位岭南名师、名校长登坛演讲，表达他们的教育主张和教育实践。以此为契机，华南师范大学将推进“岭南教育流派名工作室”的发展建设，从教育思想和教育实践两方面打造更具独特风格的“岭南教育”。

提出“岭南教育流派”这一概念，不是简单地“贴标签”“画地盘”，而是有着多重思考。一方面，长期以来，岭南教育深深地打上了广东人一贯的务实勤劳、勇于开拓、行胜于言等鲜明印记，但正所谓“言而不文，行而不远”，我们期待有更多校长和教师通过著书立说，对岭南教育的共性文化特征进行梳理提炼，从而更深更广地参与到中国当代教育文化的共建中。另一方面，粤港澳大湾区的建设也对岭南教育的融合共享发出了时代的呼唤，“独行速，众行远”，校长与教师必须舍却小我，融入大我，学会相互借力，相互成就。我们理想中的岭南教育流派，应该是一个兼容并蓄、互通互鉴的教育文化圈，一个和而不同、美美与共的良性教育生态。

而这套丛书的策划与出版，也是怀着同样的初衷与期待，希望为广东名校长和名教师架设一个展示、分享发展成果的平台，引领和督促他们向着“教育家办学”的方向不断前行。

实事求是地说，作为一项高等师范院校和中小学校长教师共同参与的研修活动创新，项目本身还有许多不完善之处，校长和教师们在丛书中呈现出来的与其说是成果，不如说是一份份项目作业，是他们成长过程中的一个纪念，更是他们走向更高教育境界的基点。也因此，无论是丛书的思想内容和体例结构，都还略显粗糙，有许多的不足。丛书得以结集出版，一方面是鼓励和鞭策，另一方面也是求教于大家，给予批评和指正。倘能激发更多校长和教师对学校文化建设的重视，共同投身于中国特色基础教育的改革发展，则更是善莫大焉。

是为序。

2020年8月

序

我与李彩芳校长相识于2015年，那一年她作为广东省中小学新一轮“百千万人才培养工程”第二批教育家培养对象到华南师范大学基础教育培训与研究院进行研修，学校安排我担任她的理论导师，与实践导师一起共同探讨她的教育思想，指导她的课题研究。

她是一个有使命感和责任担当的好校长。为了美化校容校貌，她手拿铁锹肩扛水泥，带领全校教职工硬是把一所曾经破旧不堪的小渔村学校打造成现在的示范性学校。2016年她曾作为广东省唯一的代表，参加教育部第九期全国小学优秀校长高级研究班“国培计划”，接受为期两年的培训，并作为优秀学员代表被派到云、贵、川三省巡讲，深受欢迎。

她是一个有崇高信念和实践情怀的优秀校长。在她眼里，教育是一项继往开来、培正至善的伟大事业。为了促进教师的专业发展，她坚守教学一线，并“要求”全校教师到她的课堂连续听五节课，观摩和研讨她的课。她的课是全程开放和动态生成的，任何时候任何学科教师不用打招呼都可以随时进入她的课堂听课，进行学习、交流与评价。她所组织研究的“板块助推式”课堂教学模式目前已经取得丰硕成果并获得迅速推广，在全省乃至全国都有相当高的关注度和认可度。

她是一个富有教育激情和文化底蕴的教师。她的课堂充满激励情怀与亲和力，教学风格幽默风趣。她做到了“依据教材，超越教材；依据课堂，超越课堂；依据教师本色，超越教师角色”，把教师的本性、本分、本色融为一体。她常常把优秀传统文化融进课堂教学中来，学生不仅喜欢上她的课，而且深受其思想的影响。

在长期的教学实践中，李彩芳校长创立了“如家教育”思想，并实践之。该思想根植于家校共建、立德树人和教育实践共同体的理念，将“如家理念”渗透到学校的办学灵魂和指导方针中，以期在教育目标、学校领导、课程管理、教学活动、评价体系等各个方面，使师生、家长、社会人士形成情同手足、如沐春风、亲如一家的氛围。这种学校文化与忠孝博爱、仁义礼智并举的家国情怀结合起来，融汇和落实到师生、家长的日常生活当中，成为大家共同追求的愿景。她的“如家教育”思想，既符合小学教育的特点，又有典型的地方特色和历史的传承性，有利于促进学校高质量、可持续地发展，因此不仅在当地具有示范性，在全省都具有影响力。

李志厚

2019 年 6 月 6 日

目 录

第一章
课题探究　且行且研

小学语文课堂渗透国学教育的模式研究

一、研究背景

关注和重视学生的生命成长，促进学生人格的全面健康发展，是 21 世纪教育价值目标的核心。教育与教学问题从根本上说是一个生命问题。目前对生命教育的研究大多还停留在单一的如何保护生命、珍爱生命上，针对如何激扬生命的研究较少，关于如何在课堂教学中激扬学生生命的研究就更少了。激扬生命的元素有许多，国学（传统文化）是重要的元素之一。国学具有鲜明的人文精神，这种人文精神主要表现为注重现实人生的意义，具体地讲就是注重人生伦理价值与艺术品位，注重人生的自我修养。五四运动之后，中国的传统文化曾在较长的时间内处于低迷状态，在长达近百年的历史中，它被批判、被歪曲、被贬低、被否定，从而导致国学教育面临断链和缺失，母语教育极度弱化，语文教学迷失了最基本的落脚点，文化认同感日益模糊。

在当前的全球化背景下，西方文化对我们的冲击不可估量，不少学生对我国传统文化缺乏了解、认知与认同。国学大师季羡林曾说："儿童经典诵读正在将文化的种子撒播在孩子的心里，撒播在希望的田野上。春华秋实，它的作用在不久的将来必会凸现，为这项工程所作的任何努力，都会使安放我们灵魂的精神家园更加美好。"哲学家、北京大学教授汤一介曾说："一种文化有了深厚的根，才能吸收外来文化。今天我们要吸收西方文化，前提是必须很好地了解我们自己的文化。”令人欣喜的是，近几年来，随着研究中国传统文学的学者的呼吁、提倡及宣传，中国人民燃起了对重学中国传统文化的激情，一些高校也纷纷成立了有关国学、传统文化、儒释道思想的研究机构，出版学术著作，发表研究文章，每年还召开各种形式和规模的国内国际学术研讨会。在欧美、东亚、东南亚等地区，也有相当规模的研究机构和学术队伍。同时，读经、读古典诗词、学习优良的道德教化传统，在全国各地兴起；我国学术界出现了重视中国传统文化研究的趋势，大批学者、教授走上媒体讲坛开讲《论语》心得、解读《三字经》；国学经典走进课堂，不少中小学已开设与《三字经》《弟子规》《论语》等有关的课程。曾经被“边缘化”、被“弱化”的国学教育再次回归校园，回归课堂。

二、研究意义和价值

中华文化是人类文明进步的重要源泉。《义务教育语文课程标准（2011年版）》在总体目标中强调：“认识中华文化的丰厚博大，汲取民族文化智慧。关心当代文化生活，尊重多样文化，吸收人类优秀文化的营养。”语文教学不仅要引导学生学习语言知识，还要关注学生的全面发展，做到知、情、意、行的统一。当今社会，找回忠与孝、仁与义、信与礼、智与勇的国民精神已显得尤为迫切。语文课程，在传承和弘扬民族传统文化上，具有独特的学科优势和不可推卸的责任。“就形式而言，国学是中华文明的主要载体”，“就内涵而言，国学是中华民族精神的集中体现”。因此，关注语文课程中的国学，并充分认识国学的当代教育价值，不仅是新课程标准的要求，而且对民族文化的传承、弘扬，对民族精神的培育及受教育者的身心发展，都具有重要的、长远的意义。当下语文教育处于由传统教育技术向现代教育技术过渡的过程中，随着多媒体教学手段在传统教学中越来越多的运用，信息技术条件下小学语文课堂渗透国学教学模式的研究显得急迫而有切实的意义。

三、研究目标

本课题研究的总目标是：打牢传统根基，积淀文化功底，夯实语文基础，培养语文能力，提高语文素养。具体包括以下几方面。

（一）感受传统文化，激发爱国情感

中国传统文化源远流长。这一文化的生命之流所培育出的人文精神，以其深厚的底蕴支撑着我们祖国的思想命脉，支撑着国家的政治、经济、文

学、艺术，显示出无穷的活力与潜力。针对小学生的认知特点，借助语文课堂教学的渗透作用，激发学生内心的爱国热忱；借助信息技术手段，利用网络将抽象的文字转化为具体可感的画面，在虚拟的故事情境里，让孩子们获得真实的情感体验。

（二）提高记忆、语言表达、识字阅读等能力

读经典诗词能让孩子的语言表达能力得到充分的锻炼、记忆力得到有效的提升。而指读，能轻松地解决孩子的识字问题，从而进一步提高孩子的阅读能力。

（三）提升文化修养与品位

《全日制义务教育语文课程标准（实验稿）》提出："培养学生高尚的道德情操和健康的审美情趣，形成正确的价值观和积极的人生态度，是语文教学的重要内容，不应把它们当外在的附加任务，应该注重熏陶感染、潜移默化，把这些内容贯穿于日常的教学过程之中。"针对这一方面，国学教育有其独特的优势。国学倡导真善美的道德品行，对于开阔心胸、提升人格教养、培养好学精神和开发潜能、启迪智慧等都具有十分重要的作用。

（四）实现继承与创新统一，利用现代教学方式演绎国学内涵

随着信息化时代的到来，小学语文教学也应当有新的改革和突破。一是创新小学语文课堂教学，努力实践"以人为本"的课堂教学模式，让学生快乐地参与到知识的建构与情感的熏陶中去，在潜移默化中掌握传统文化的学习方法。二是创设一种宽松和谐的教学氛围，让学生在无忧无虑的氛围中开展认知活动，形成和发展学生的创新意识及创新思维，提高学生的思维能力、判断能力、领悟能力、学习能力，为学生个性的发展提供自由广阔的空间。

（五）促使广大教师转变观念，更新知识，提升国学素养

在新课程理念的指导下，重视师资队伍建设，培养一支学习型、学者型教师队伍，使国学启蒙成为利人利己的工程。

四、研究内容

探究小学语文课堂与国学教学相结合的有效途径与方法；研讨语文素养提升与国学教学的关系；探索传统文化教育与德育的关系；研究经典诵读与

语文教学的关系；给国学插上新时代的翅膀，研究传统文化教学与现代学习方式的关系。

五、研究思路与方法

（一）研究思路

1. 借助现代信息技术，拓展学习资源

目前，每册小学语文教材中都安排有中国传统文化（国学经典）的学习内容，要求学生学习掌握，从而达到对经典词句积累运用的目的。本研究借助现代信息技术，拓展了学习资源，加强了课内外语文学习的联系，也为不同层次的学生提供更多的学习资源、学习机会，运用“大语文观”的教学策略帮助学生积淀文化功底，夯实语文基础。

2. 课堂教学渗透国学经典

要落实“认识中华文化的丰厚博大，吸收民族文化智慧”这一义务教育阶段语文教学目标，教师是关键。语文教师要从自身出发，必须了解、熟悉教材，能在课堂教学中经常灵活地运用教材中的传统文化（国学经典）内容，教师的教学语言要常有教材上的经典名句，做到“随风潜入夜”地指导学生积淀文化素养，让“润物细无声”的品质教育贯穿小学语文课堂教学，体现语文工具性与人文性的高度统一。

3. 课内、课外活动相结合

日常的语文教学，除了要在内容上融入传统文化（国学经典），还要注重教学活动的延伸，组织丰富多彩的实践活动，激发学生学习传统文化、国学经典的兴趣，培养语文能力，提高语文素养。例如，举办古诗词诵读比赛、每天课前诵读国学经典、指导阅读课外国学经典名著、制作阅读卡、写读后感等，实践“大语文”课堂理念。

（二）研究方法

1. 文献研究法

借鉴前人的研究成果，找到新的生长点和支撑性理论，有针对性地制订研究方案以指导具体的实践研究。

2. 实证研究法

根据国学启蒙教育情况进行前后对比，纵向比较，并进行科学解释。

除了上述两种方法外，在研究过程中，还采用了案例研究与问题研究、实验研究相结合的方法。

六、研究过程

（一）前期准备

课题组制订实验方案并实施，继续完善课题的论证，进行课题申报。

（二）中期实施

课题组按实验方案实施研究，搜集、整理相关资料，针对实施过程中出现的问题进行分析研究，最终解决问题。实验教师每学期完成一篇个人实验总结、典型教案或相关个案等。

（三）后期成果整理

课题负责人撰写研究报告，将研究成果汇编成册。

以孝悌文化教育促进中小学生良好品行形成的研究

一、研究背景和意义

孝敬父母、尊重长者是中华民族的传统美德。《论语·学而》有云："孝弟也者，其为仁之本与。"孝悌不仅是为人立身之本、家庭和睦之本，而且是国家安康之本、社会和谐之本。孝悌文化作为中华民族传统的重要组成部分，源远流长，历久而不衰。然而，历史发展到今天，孝悌文化却在我们日益进步的社会和日益丰富的多元文化中逐渐衰退，有的人已经忘了根本，不讲孝悌，这种不良风气甚至已经蔓延到中小学生身上。有的学生"对人不感激，对物不爱惜，对事不满意"，亲情淡漠，不顾及父母及家人的艰辛，严重影响了当代少年儿童思想道德品质的形成和健康成长。

"以孝悌文化教育促进中小学生良好品行形成的研究"，是针对近年来出现的不少学生孝悌意识薄弱、缺乏对家庭及社会的责任感、思想道德品质滑坡的现象提出的，旨在通过对传统孝悌德行的发掘研究，探讨学校孝悌文化建设的意义、途径和方法，在中小学德育中，大力开展感恩教育，唤起学生对父母的孝心，对长者的爱心与谦让之心（即孟子所说的"辞让之心"），让学生对家庭、对社会有更深入的认识，学会感激、学会做人，关爱他人、关注生命，形成良好的道德品质，进而影响社会，带动良好社会风气的形成，为推动社会主义公民道德建设、建立和谐社会奠定基础。

二、研究目的和方法

（一）研究目的

本研究的主要目的是让学生具有孝悌观念，养成相应习惯，更好地促进良好品行的培养，进而增强学生对家庭、社会、民族的责任感，从而对社会风气产生积极影响。

（二）研究方法

本课题采用的研究方法主要是调查法、文献资料法、案例研究法、经验总结法。通过问卷、访谈等方式，对学生的孝悌观念、行为表现进行调查，了解学生的实际情况，有针对性地进行研究；查阅相关文献资料进行理论思考；在实际操作中，以校为本，创造性地运用理论指导自己的实践行为，并不断反思自己的行为，解决培养孝悌之道的实际问题；记录研究过程中的典型案例，并对之进行分析反思，总结经验，以达到研究目的。

三、研究过程

（一）问卷调查，明确方向

通过问卷调查结果可以看出：小学阶段的孩子已有了一些是非观念，他们大多知道什么是应该做的、什么是不应该做的，从调查结果中可以看出他们知道应该怎样对父母，只是在实际生活中由于一些客观原因，他们并没有去做。从他们的日常行为中可以看出，相对于男孩，女孩对父母的关心要更多一些。他们知道应该做一个有孝心的人，只不过在父母的溺爱中、在要学好文化课的观念中，他们迷失了方向，“这是父母应该为他们做的”的思想已在他们的心里根深蒂固，感恩对他们来说只不过是一句空话，现在的孩子已不知该如何表达对父母的孝、对长者的悌。同时，孩子们缺乏对家庭、对社会的责任感，大多孩子做事时只考虑自己的感受。

（二）探索利用国学文化培养小学生孝心的有效途径

1．诵读《弟子规》，树立孝悌意识

在课题立项之初，课题组成员利用每天的晨读时间，带领学生一起进行五分钟的《弟子规》诵读，以使学生达到对《弟子规》的熟读成诵。在诵读的基础上，每周利用黑板一角，从《弟子规》上选择几句抄写在上面，并向学生讲解其意思及其中的故事，并从实际生活入手联系书中内容，让孩子知道在家里、在父母面前他们应该怎样做。

2．编写、推广校本课程教材《百善孝为先》

课题组成员以学校“百善孝为先”德育教育理念为基础，积极、深入地收集当今学校、社会、家庭中关于孝道教育的相关资料，结合学校的实际状况，编写操作性强、实效性高的孝悌文化校本课程教材《百善孝为先》，并将此校本教材纳入学校的课程教育中，通过多种形式的教育，让此校本教材中的孝悌理论转化为学生的个人行为习惯，渗透到每个家庭，推广到整个社会。

3．落实常规训练，实践孝悌行动

首先，召开家长会，让家长意识到孩子学习孝悌文化的重要性。取得家长的配合后，家长和学校合作，督促学生完成孝心作业。即要求每个学生每天做一件以上孝顺父母的事，并在孝心作业本上记载，家长签名监督。每周写一则孝心感言，每月写一次阶段总结，谈谈收获。每周推出一名“孝心学生”，并对“优秀孝心作业”“优秀孝心感言”获得者给予及时的表扬和鼓励。

其次，要求学生践行“孝心守则”，把“父母呼，应勿缓；父母命，行勿懒”“父母教，须敬听；父母责，须顺承”真正落实在日常生活中，培养学生关注父母身心、体谅父母辛劳、做力所能及的家务等良好的品质和行为习惯。

4．开展各项活动，增进学生孝心情感

孝心教育活动的开展是学生增进孝心情感、明白孝心内涵的重要途径。为此，课题组成员以孝心为主题开展一系列的班队活动，如“良师益友《弟子规》”“感谢父母恩座谈会”“孝敬故事表演赛”等等，结合长辈的生日、父亲节、母亲节等特殊的日子，开展主题实践活动；在寒暑假要求学生做“孝心作业”，如要求学生每天对父母进行温馨的问候、每天为父母端一杯热茶、每天整理自己的小天地、每周做一次当家小主人。活动力求做到丰富多彩、形式多样。

为把孝心活动引向深入，还可将有关活动与孝心主题相结合。如“爱家爱校”，成立环保志愿队伍；“孝亲敬老”，慰问敬老院的老人；等等。

“如家教育思想”的理论与实践研究

一、研究背景和意义

“如家教育思想”是笔者成为“广东省中小学新一轮‘百千万人才培养工程’”第二批教育家培养对象后，笔者的理论指导导师李志厚博士（华南师范大学教授）及实践指导导师何树声教师（广州市第五中学校长）在多次听取笔者的办学理念及教学思想之后，又到笔者担任校长的学校——珠海市红旗镇三板小学（以下简称“三板小学”）实地考察调研后，帮助笔者提炼出来的初步的教育思想。

“如家教育思想”就是在学校管理中始终贯穿着“家”的理念，把所有家长团结起来，借助“家长学校”，对家长进行长期有计划的教育培训，让家长懂得如何与学校教师共同承担教育孩子的责任；同时，指导全体教师在教育教学中树立“人”的概念，陪伴学生，感染学生，教化学生，用建设“家”的理念建设班级文化，使学校成为师生的第二个家，成为师生追求理想和幸福的地方，让学校师生及家长充满幸福感，快乐地学习和生活，让每个人有亲切、温暖的“如家”之感。

二、研究目的和方法

本研究的目的和方法主要包括三个方面，具体如下：

第一，建设平安校园。根据马斯洛需求层次理论，安全需求同生理需求一样，均属于低级别的需求，是人的基本需求。建设平安校园就是要做好校园治安综合管理工作，营造良好的学校氛围、治安秩序和育人环境。维护学校安全是每个学校必须要做的，为此，学校一方面通过建设家长志愿者平台，让更多的家长参与学校管理，维护校内安全；另一方面借助社区志愿者平台，让社区志愿者积极维护学校外部秩序，建设一个校内校外都安全的校园，让广大师生能够在校园里自由自在地学习、工作和生活。

第二，建设亲情校园。相关研究表明，良好的人际关系是构成幸福人生的必备要素，而人际关系的基础是人们彼此间的情感活动，如果彼此发展接近和相互吸引的情感，在心理上的距离趋近，人们便会感到心情舒畅；如果彼此发展互相排斥分离的情感，产生矛盾和冲突，则会使人感到孤立和抑郁。所以要让教育生活美好起来，学校必然要高度重视人际关系的经营，致力于建设亲情校园。一方面，学校要把校园作为一个学习社区、学习大家庭来建设，让全校师生亲密无间、相互支持；另一方面，学校要转变教育观念，把建立有意义的人际关系作为一项必备的生存和生活技能，列入教育培养目标，因为这对学生未来的成功和幸福至关重要。

第三，建设书香校园。莎士比亚说过："书籍是全世界的营养品"。一个没有阅读的世界，所有的心灵都会成为荒漠；一个缺少阅读的教育，就不能算是真正的教育。真正的教育，必得让阅读真正成为师生的一种生活方式。只有这样，才能培养出有灵魂的人，才能培养出有精神生命的人。阿根廷著名作家博尔赫斯有句名言："如果有天堂，那一定是图书馆的模样。"学校要把建设书香校园作为一件大事来抓，让图书馆、图书超市、图书走廊、图书室、图书角成为校园独特的风景，让阅读改变师生的人生。母亲的爱是浓浓的奶香、饭菜香，而学校的爱则是淡淡的书香。"书卷气"不仅应当成为学校的气质，还应当成为中华民族的气质。

三、研究价值

第一，通过研究，了解"如家教育思想"的深刻内涵，探讨"如家教育思想"的德育价值，认识"如家教育思想"对现代学校开展德育工作的特殊作用，认识"如家教育思想"对促进小学生道德生成的影响和对社会的影响。

第二，通过研究，培养学生良好的思想道德素养和人文精神，让学生从庸俗走向高尚，从知识学习走向精神教化，增强对家庭、社会的认识及责任感，引领学生健康成长。

第三，通过研究，探讨现代中小学德育教育的途径和方法，构建新时期小学德育工作的实践体系，更好地促进学校教育教学工作的持续发展。

第四，通过研究，促进家庭教育和社会教育的发展，让更多的人意识到教育不是学校的单方行为，要共同积极参与到教育中来。

第二章
家校共建　且行且聚

推进珠海市红旗镇三板小学家校合作的策略研究

一、核心概念

苏联著名教育家苏霍姆林斯基说过："只有学校教育而没有家庭教育，或者只有家庭教育而无学校教育，都不能完成培养人这一极其艰巨而复杂的任务。"可见，作为两大教育系统的学校教育和家庭教育对人的发展有着至关重要的作用。而家长是否有效地配合学校对子女进行教育，直接决定学校教育的效果。

（一）家校合作

"家校合作"的理念源于国外，单从字面意义，可以理解为家长和学校之间的合作。目前"家校合作"尚未形成一个确切的、被广泛接纳的定义。英语中表述"家校合作"的词有：home-school-cooperation（家校合作）、education-intervention（教育介入）、parent-teacher collaboration（家长—教师配合）、parental-involvement（家长参与）等。我国教育学专家马忠虎先生认为，家校合作实际上就是通过对家庭和学校这两个对学生最具影响力的社会结构进行联合，从而形成教育合力，共同对学生进行教育。虽然家校合作的定义尚未明确，但是近年来，作为促进学生发展的重要教育方式，家校合作的现实意义日趋凸显。2012 年教育部发布了《关于建立中小学幼儿园家长委员会的指导意见》，2013 年北京市教育委员会发布了《关于进一步建好家长教师协会的意见》，两份重要文件的出台旨在进一步发挥家长作用，促进家校合作，将合力育人纳入制度化的轨道。《国家中长期教育改革与发展规划纲要（2010—2020 年）》第 13 章“（四十一）完善中小学学校管理制度”中，专门提出“建立中小学家长委员会”。综上所述，可以这样理解，“家校合作”是以学生发展为目的，家庭和学校两种力量互相配合、互相支持、互相协调的教育互动活动。

（二）家长委员会

家长委员会，顾名思义就是由家长代表成立的组织，作为与学校沟通的桥梁，关注学生的教育。家长委员会是增进学校与学生、家长之间沟通的桥梁。家长委员会是由本校学生家长代表组成，代表全体家长参与学校民主管理，支持和监督学校做好教育工作的群众性自治组织，是学校联系广大学生家长的桥梁和纽带。

（三）家长参与学校管理

家长是学校管理的重要资源，家长参与学校管理一般分为家长委员会参与及全体家长参与，其目的是促进学校实施民主管理、全员管理，健全并完善管理制度。

二、研究现状

开展家校合作，实则是实施一种教育治理。北京师范大学褚宏启教授认为，教育治理是对于传统教育管理方式的超越，教育治理与教育管理并不是对立的关系，教育治理是教育管理的一种高级形态，其突出特征是多主体参与的合作管理、共同管理、共同治理。教育治理发生和表现在区域层面和学校内部层面。在学校内部管理层面，从政校关系角度看，学校的主要角色变化是走向“自治”；从学校与教师、学生、家长、社区等的关系角度看，学校的角色是与其他主体一起对学校进行“共治”。推进学校内部合作共治有四个要点，一是推进多方主体共同治理；二是推进师生参与治理；三是推进家长参与治理；四是推进社会参与治理。

为促进家校合作深入发展、提高教育教学质量，我国研究者结合目前国内家校合作的现状及面临的问题，不断探究家校合作的新路径，改进合作策略，在家校合作的理论研究和实践层面均取得一定的成绩。但相比于国外研究者在理论研究和实践层面所取得的成就，我国家校合作的现状仍不乐观，我们的研究依然处于起步阶段，理论研究的水平依然较低，相关研究还停留在低层次探讨阶段，研究比较分散、不成体系；理论研究与实践相脱离的情况依然存在，家长参与学校治理的程度相对较低。主要体现在以下两个方面：

第一，在研究内容上，我国的学者们热衷于家校合作的理论研究，脱离对解决家校合作实际问题的具体思考与有益探索，对影响家校合作的因素探讨不够深入，致力于家校合作的建构策略，却忽视了家校合作的效果。而从事家校合作研究的一线教师们热衷于家校合作的实践研究，但缺乏理论支撑，他们的研究只是在对“家与校”的基本认识上去描述“合作”的特点，主要是从常规工作的角度出发来理解“家校合作”的，对家校合作的研究缺乏系统性，还没有总结出对家校合作的普遍适用性的内涵、特点等。

第二，在研究方法上，我国的学者们普遍使用文献法，很少运用案例分析法、观察法等能深入了解家校合作真实性的研究方法。他们从理论角度建构家校合作的理念，但缺乏实践检验。而从事家校合作研究的一线教师们又恰恰相反，他们普遍采用案例研究法，很少运用文献研究法，他们注重实践研究和总结，但没有上升到理论的高度。

三、研究意义

三板小学地处珠海市金湾区红旗镇三板社区，学生以外来务工人员的子女居多，占比超过80%；而本地户籍学生中，超过20%的学生为留守儿童。学生家长的学历水平普遍不高，接受过高等教育的占比不到20%。学校教师整体学历水平不高，由于学校历史原因，有部分教师是从当时的代课教师转编进入教师队伍，未曾接受过正规师范院校的教育培训，其个人文化素养底蕴不厚，教育教学水平不高。基于上述几种因素，结合三板小学在家校合作上出现的现实问题，笔者认为很有必要推进家校合作的策略研究，为解决现实问题提供参考依据。本章将从家校合作现状入手，梳理出目前三板小学家校合作存在的问题及困境，探索家校合作的有效途径，推进家校合作的策略研究，对家长参与学校治理的激励措施进行细化研究，以充分调动家长参与学校管理的积极性与主动性，真正实现家庭教育与社会教育、学校教育的紧密结合，为深入完善家校合作的机制提供明确的实践方向。

四、研究设计

（一）研究目标

旨在通过研究，对三板小学的家校合作进行全方位诊断，寻求改进家校合作的方法、提升家校合作实效的基本途径；进一步转变家校合作的方式，提高家校合作的技巧、方法，改进家长和教师的教育理念，促进家长和教师的共同成长。通过家校合作的建设，用实践参与、激励奖励、报道宣传等方法引导家长及教师积极进行家校合作，促进家长参与学校治理，以期实现学校更好更快地发展，促进教师队伍建设，促进家长更加重视家庭教育，更好地搭建协同学校、家庭、社会的统一教育，促进学生综合素养的形成和提升。

（二）研究内容

1. 三板小学家校合作现状调查

以文献资料为理论依据，以三板小学家校合作的现状为出发点，试图在理论上对家校合作国内外研究状况进行阐述，明确家长与学校在家校合作关系中的地位与作用，归纳总结家校合作的含义，建构具有三板小学特色的家校合作体系，研制家校合作的方式，制定家校合作的评价指标体系。

2. 三板小学家校合作存在的问题与归因

对照家校合作的方式，通过教师及家长访谈与问卷调查、学生问卷调查等方式，对三板小学家校合作现状进行深入详细的调查，掌握第一手资料，找到三板小学家校合作存在的主要问题，并对问题产生的主要原因进行分析和归纳总结。

3. 三板小学家校合作的改进对策

在分析三板小学家校合作问题产生原因的基础上，找到三板小学家校合作的改进对策，促进家校合作的有效进行。

（三）研究方法

笔者本着理论联系实际的原则，坚持边实践、边探索，边研究、边总结，按照“理论学习—实践尝试—总结提升—实践检验—不断完善”的研究思路，采用家长及师生问卷调查、家长及教师访谈等方法，对三板小学家校合作现状进行深入调查，了解家长参与学校治理的观念、行为表现，掌握教师关于家校合作的态度及在日常工作中的做法，探寻三板小学家校合作中存在的问题及产生原因，进而提出三板小学家校合作的改进策略。

1. 问卷调查法

为了确保调查的真实性和全面性，本次调查分别设计了家长问卷、教师问卷和学生问卷三种问卷，面向全体家长和师生。在正式实施问卷调查前，笔者还分别抽取了不同年龄、不同学科的六位教师；抽取了每个年级不同性别、不同成绩和表现的三名学生，共计九名学生；抽取了每个年级不同文化层次、不同经济收入的三名家长，共计九名家长，进行了正式调查前的“试问卷”。其主要为了解决两个问题，一是了解他们大概用多长时间完成问卷，从完成问卷时间来看问卷的设计是否合理；二是听取家长及师生对问卷的意见和建议，同时询问他们对问卷内容是否有不懂或不明白的地方，在此基础上进一步完善。

正式调查共发放 2 081 份问卷，其中家长问卷 1 011 份，教师问卷 59 份，学生问卷 1 011 份。回收有效问卷 1 921 份，其中家长问卷 851 份，教师问卷 59 份，学生问卷 1 011 份，回收率分别为 84.17%、100%、100%。

2. 访谈法

为了全面了解和掌握三板小学家校合作工作的现状，笔者在问卷调查法的基础上增加了访谈法，访谈的对象主要为学校领导、家长、教师，从学校、家庭的角度了解家校合作所面临的问题及促进家校合作的策略。笔者于 2017 年 10—12 月分三组分别对学校全体教师（59 名）、107 名家长、87 名学生进行了关于家校合作现状、影响家校合作的因素及其改进策略等方面的访谈。其中，访谈家长覆盖全校各个班级，每班访谈家长人数不少于 5 人，涉及单亲家庭、留守儿童家庭、经济水平不同（富裕、普通、贫困）的家庭；随机访谈四至六年级学生，占该学段学生总数的 10%。访谈的内容包括三个方面：一是家校合作的现状，分六个问题进行访谈，涉及内容包括关系、角色、渠道；二是家校合作存在的问题及原因分析，分五个问题进行访谈，涉及内容包括态度、原因、文化层次等；三是促进家校合作的策略，分八个问题进行访谈，涉及内容包括定位、举措、经验等。

五、三板小学家校合作建设取得的经验

随着教育改革的深入推进和发展，三板小学开展家校合作已七年有余，在这期间，班主任教师通过建立班级微信群、组建家长会、推选家长志愿者等方式，扩大了家长的参与面，保证了家长参与的时效性。三板小学家校合作取得了一定的经验和成效。在家校合作中，教师和家长更加重视家庭教育的长效性，开始关注学生的生命发展，关注学生的个性差异，也更加关注学

生良好行为习惯的养成。具体表现在以下四个方面。

（一）师生、家长共同成长

良好的家庭教育是优化孩子心灵的催化剂。家庭教育是终身教育，其对一个人的启蒙、成长、成才有着不可估量的作用，一个人的思想品德、行为习惯、意志力等的形成都离不开家庭教育，家长对孩子正确“三观”的形成起着潜移默化的作用，所以学校教育和家庭教育密不可分，它们有效合作，实现双赢。家校合作的开展，促使家长参与到学校部分工作中来，一方面，家长能及时了解自己孩子的学习状况和学校、教师的教育教学情况，更好地配合学校、教师开展工作；另一方面，通过与教师的接触，家长掌握了一些教育孩子的方法和技巧，很好地促进了自身的成长。同时，家校合作的开展，促进教师更加了解学生各方面的情况，有助于教育教学工作的开展。而且家长的参与，或多或少会对教师起到监督作用，从而约束并促进教师各项工作的规范实施。开展家校合作，对学校、家庭的教育都具有补充和丰富的作用。只有学校、家庭和社会互相沟通，取长补短，携手共进，这样孩子的教育才比较完善，我们的素质教育才会得到更好、更快的进步。

（二）家长、教师联系密切，相互理解

我们常说：“家长是孩子的第一任教师，也是孩子的终身教师。”家长对孩子的影响力远比教师的更大。通过家校合作，家长、教师的联系密切了，家长对孩子在校的学习状况更为了解，教师对孩子在家的生活状况也有更深入的了解，互助互利，形成一股强劲的教育合力。

（三）转变了教师和家长的教育观念

想要把孩子培养成为一个能够适应社会高速发展的高素质人才，家长首先要改变自己的教育观念和方式，学习现代教育理念和科学的家庭教育方法以提高自己的教育素质和对孩子的教育能力，并对孩子因材施教，重视父母的榜样作用，养成好习惯和孩子一起成长。而孩子在学校中，大部分时间与教师在一起，教师在学生成长中，也发挥着重要作用，教师也要改变传统的教育理念，不断学习，与时俱进，才能跟上时代发展的步伐，才能满足学生的求知欲望。

（四）学生的进步

教育部国家督学、中国家庭教育学会副会长傅国亮认为，“家校合作”的定位，绝不仅仅是加强家庭教育的一项措施，要有更高的站位。“家校合

作”应当是教育思想、培养模式、学校制度的三个根本性转变。通过开展家校合作，三板小学的校风、校规、校纪都有了很大转变，受此影响，学生也养成了良好的行为习惯，无论是学习上还是生活上，都有了明显的进步。特别是在家校合作模式下，教师会将学生在校的情况通过电话、微信或 QQ 告知家长，家长也会向教师反馈学生在家的情况，从而对学生的学习、身心健康起到了辅助作用。学生在学习上更自觉，能克服困难达成奋斗目标；生活中，能慢慢地独立完成自己的事情了，守规矩，也更加自律；行为上，文明有礼，待人宽容，与同学和睦相处，更懂得孝顺父母，尊敬长辈。

六、存在的问题

三板小学虽然在家校合作方面呈现出良好的发展态势和趋势，但同时也存在一些制约家校合作发展的行为和现象，产生了与家校合作开展初衷及内涵发展相冲突的问题。具体如下：

第一，家长文化水平普遍不高，在家校合作中角色定位不清。三板小学是农村小学，大部分家长文化水平不高，在家校合作过程中，对自己的角色定位不清，不清楚自己在这一活动中的权利和义务；参与学校教育管理的主动性不高，认为家长的职责就是照顾孩子的生活起居，保证孩子的身体健康，满足孩子学习、生活上的物质需要，没有通过与学校合作来学习教育方法、理念，更缺乏对与教师进行情感沟通交流的重要意义的认知。

第二，家长忙于工作，对孩子关注不够。三板小学的学生家长有不少是外来务工人员或者从事农业生产，劳动时间长，生活压力大，无暇顾及自身的学习和关注孩子的健康成长。再加上他们家庭教育观念落后，对子女的情况也不甚了解，子女成长过程中出现的问题也不知如何解决，久而久之就放任不管了。

第三，教师、家长沟通不足，存在角色认识误区。家校合作开展的效果受教师素质、能力、态度的直接影响，教师是活动的具体设计者、组织者和执行者。教师作为专业人士，在教育素养和能力方面比家长具有更多的优势，因此在家校合作中处于较强势的地位。有的教师认为家校合作就是家长协助学校开展工作，甚至是后勤工作，比如，有的教师经常叫家长回校帮助搞卫生、整班务，有的教师甚至叫家长帮助批改作业。而有的家长认为孩子学习的事情应由教师全权负责，孩子学习不好，或存在其他不良习惯，是教师没教好，与自己无关。

第四，教师、家长均缺乏合作意识，家校合作活动缺乏规划。目前三板小学的家校合作无论是活动设计还是实施上均缺乏系统性和计划性，通常是出现问题了才合作，没有整体工作安排，合作单一。另外，家长与教师在合作内容方面也存在着低层次的情况，大部分家长只重视孩子的学习情况、纪律情况，忽视孩子的品德、心理健康教育。

七、问题产生的原因

（一）家长因素

1. 时间上的冲突

在社会经济时代，大多数家长都要工作，工作时间与学校上下学时间基本上是重合的，因此，他们很少有时间和机会参与学校的相关工作。

2. 不重视自己的教育角色

不少家长认为学校就是专门教育孩子的地方，教师又具备专业的教育技能，把孩子交给学校就“万事大吉”了。只有孩子出现问题或者成绩下滑时，才会主动和教师联系。

3. 家长和学校缺乏沟通交流

当前，关于学生情况的传达家长处于被告知的地位，只有学生遭遇了棘手问题，教师才会把家长请到学校加强沟通，并希望借助家长的力量共同管理学生。但是，在问题产生之前，很多家长基本不会主动联系教师与学校，很少沟通交流学生在校的各方面情况。

（二）教师因素

由于教育资源不均衡，不少学校还无法实现小班教学，班容量大，教师工作繁重，尤其是班主任，不但忙于教学，还要进行班级管理。同时，教师还面临着来自学校、同行、家长、家庭等多方的压力，对于家校合作力不从心。另外，家长的素质参差不齐，面对各个层次的家长，部分教师缺乏交流、合作的经验和能力。

（三）学校因素

学校管理者的办学理念往往决定着学校的发展方向。管理人员能不能认识到家校合作的重要性直接影响着家长参与学校教育的程度。社会各界对学校教育寄予厚望，部分家长会因为某些教育问题投诉教师或者学校，导致他们对家长参与学校教育有所戒备，做任何事都会再三思考，权衡利弊。

八、改进对策

（一）转变观念，营造良好的合作氛围

学校管理者、教师的理念及合作态度对家校合作的顺利开展发挥决定性的作用。因此，要想改变三板小学家校合作的现状，学校管理者、教师必须转变观念，营造良好的合作氛围。首先，学校要通过各种渠道、手段、方法进行家校合作方面的宣传和介绍，将家校合作的意义、作用、目的介绍给家长，让家长清晰地了解家校合作的重要作用，培养其参与意识。与此同时，学校还要对相关教师进行教育、培训，改变教师的认识误区，明确平等积极的合作态度。其次，学校的管理者和教师要积极主动地开展各种活动，邀请家长参与进来，活动过程中，要根据家长的文化程度和职业背景等因素有针对性地进行教育理念和方法的渗透，使家长真正受益，激发家长参与活动的积极主动性。氛围的营造增强了家长们的使命感、重视感，同时也促进了学校对家庭教育的深入了解，进而使其有针对性地设计活动方案，满足不同家庭的需要。

（二）有效沟通，明确家校职责

家校合作的基础是沟通。家庭与学校之间能否建立真正的合作关系，取决于二者能否进行有效的交流与沟通。尤其是在当前这样一个快节奏、追求效益、追求成功的社会，由于家长对学校的认可主要是以学生的成绩为最重要的指标，所以家校合作必须要做到无障碍沟通，只有这样才能发挥家校合力，满足双方的需求，达成共识。在沟通的过程中，教师要有责任心，要能够从家长的角度去思考问题，能够理解家长对学生的期望；同时，教师要具备一定的沟通技巧和表达能力，不能急躁，要用真诚和热情来进行家校合作。例如，开家长会时，教师可以先带领学生们把教室进行一番布置，让家长坐在自己学生的座位上，然后，教师要针对学生的闪光点对每一名学生提出表扬，并且要感谢家长们的努力，感谢家长对学生的培养，然后再委婉地说出学生目前存在的一些问题。并强调这是大多数学生都会出现的问题。要主动为学生的不足承担责任，让家长感受到教师的真诚和责任心，拉近教师和家长的心理距离。

只有明确家校的职责才能促进双方沟通的顺利进行。一方面，家长要改变以往的错误观念，教育并不是学校单方面的事情，家长参与学校的管理也并非学校无能的表现。家长则要积极主动地关注学校的工作，通过家长开放日、家长会、家长观摩课等活动参与到学校管理中来，献计献策，促进学校

工作的开展。另一方面，学校要明确认识到家长是有权利参与学校管理、监督学校工作的。学校要在大力宣传家校合作的同时，积极营造开放、互动的家校合作氛围。学校要制定专门的家校合作管理运行机制，要有专门的经费用于活动的开展，提供物质方面的保障。学校还要通过座谈会、经验交流会、感恩教育会等方式，让家长更深刻地认识到家庭教育的重要性，从而担负起教育学生的责任，这样才能够达到家校合作的目的。

（三）健全机制，切实发挥家长委员会的作用

一方面，要保证让家长委员会参与和学生关系密切的事项的决策，确保学校所做决定的公正性；另一方面，要注重结合学校具体情况，创造新型的家长委员会活动形式。

（四）加强培训，提高家校合作能力

教师是家校合作的主要执行者，是和家长进行交流沟通的主要负责人。教师的教育能力、沟通能力、指导能力直接影响着家校合作的效果。目前我们的教师虽然在教学和班主任工作方面接受过系统的专业培训，但在如何开展家校合作、如何与家长进行沟通交流等方面并没有接受过系统的、有针对性的培训。尤其是一些年轻教师，更是缺乏这方面的经验。因此，开展师资培训，提高教师家校合作的能力是非常重要的。

鉴于此，可以从两方面进行师资培训。一方面，由各区的教师进修学校根据各个区的学校特点，定期开展专题培训，并在比较大的范围进行普及性的培训学习，这样可以在短时间内提高教师的家校合作能力。另一方面，由各个学校根据自己生源的特点、学区的特征、学校的特色，有针对性地开展教师培训，这样可以迅速地提升本校教师的家校合作能力，也能营造浓厚的家校合作学习氛围。

（五）丰富内容，实现高层次家校合作

学校作为教育主体，拥有丰富的教育资源，可以设计安排一些内容丰富的高层次家校合作活动，积极鼓励、吸引家长参与到活动中来，调动他们的积极性，充分发挥他们的力量，让他们更多地为学校的发展献计献策，提供多方位的支持和服务。

（六）创新方式，推进全方位家校合作

依托传统家校沟通方式的同时，要充分利用现代化的通信工具来加强家校的沟通，实现家校教育的互补。

附件1　珠海市红旗镇三板小学家校合作访谈提纲

1. 我校开展家校合作已经7年了，您有哪些收获和经验？
2. 请问我校目前家校合作存在的主要问题是什么？
3. 您认为我校家校合作问题产生的主要原因是什么？
4. 您认为通过哪些方法和策略能改变我们的家校合作现状？
5. 您认为好的家校合作应该是什么样的？能否用几句话或几个词语描述一下？

附件2　珠海市红旗镇三板小学家校合作情况调查问卷（教师篇）

尊敬的三板小学教师：

您好！感谢您能参加本次调查。本次问卷调查的目的是调查我校家校合作的现状。调查结果纯用于学术研究，并且采用匿名的方式进行，所以请如实作答。衷心地感谢您的配合。请在适合的选项前的方框中打"√"，可单选或多选。

1. 您的性别：

□男　□女

2. 您的教龄：

□1～3年　□4～10年　□10年以上

3. 您的学历：

□中专或以下　□大专　□本科及以上

4. 您的职务：

□任课教师　□班主任　□管理层

5. 授课年级：

□1～2年级　□3～4年级　□5～6年级

6. 家校合作是否有必要：

□非常有必要　□有必要　□没必要　□根本没必要

7. 家校合作是否需要有组织地进行统一规划：

□非常需要　□需要　□不需要　□根本不需要

8. 您是否愿意将自己的电话号码或电子信箱向学生家长公开：

□非常愿意　□愿意　□不愿意　□非常不愿意

9. 家校合作对您的工作有帮助吗：

□帮助很大　□有帮助　□无帮助　□会起反作用

10. 家长们对您的工作理解支持吗：

□非常理解支持 □理解支持 □不太理解 □完全不理解

11. 您经常与家长沟通合作吗：

□经常 □偶尔 □从不

12. 您与家长常用的沟通方式：(选出三种)

□教师家访 □电话联系 □书信联系 □电子邮件

□请家长来校 □家长会

13. 您与家长沟通的主要内容有：

□为人父母的技巧 □学生学习状况 □学生行为习惯

□学生能力 □学生身体健康状况 □学生个性和人际交往

□学生爱好 □成长历程和背景

14. 您通常在什么情况下与家长联系：

□当工作时间充裕时 □当学生状态出现异常时 □不定期联系

□定期联系

15. 你经常与哪类学生的家长沟通：

□有一定特长的 □成绩一般但有潜力的 □成绩差的

□成绩好的

16. 您更注重与哪类家长的交流：

□对您有利益的 □配合您工作的

□关心子女教育的 □有社会地位的

17. 您每周参与家校合作的次数：

□1 次 □2 次 □3 次 □4 次或以上

18. 哪类学生的家长经常与您沟通：

□成绩差的 □学习一般的 □学习好的

□行为习惯有问题的

19. 您主动与家长沟通时家长的态度是：

□抗拒、逃避 □烦躁、不安 □敷衍、糊弄 □热情、配合

20. 您每次与家长单独交流约耗时：

□30 分钟内 □30～60 分钟 □1～2 小时 □2 小时以上

21. 您与家长沟通时，是否给家长说明其自身想法的机会：

□从来不 □很少 □有时 □经常

22. 您对家校合作的成效的满意度为：

□很满意 □比较满意 □一般 □不满意

23. 您认为哪种力量最能推进家校合作：

□教师 □家长 □学校管理层 □教育管理层

24. 教师的哪方面会影响家校合作的效果：
□是否公平对待学生　□是否能理解家长意愿
□语言表达是否恰当　□态度是否热情

25. 家长的哪方面会影响家校合作的效果：
□是否存在护犊倾向　□是否能理解教师意愿
□语言表达是否恰当　□态度是否热情

26. 妨碍教师组织家校合作的主要因素：
□缺乏合作意识　□缺乏教育热情　□缺乏家长、学校支持
□工作太忙

27. 妨碍家长参与家校合作的主要因素：
□缺乏合作意识　□对子女不关心　□文化素质低　□工作太忙

28. 为促进家校合作，学校应该：
□组织丰富多样的家校合作活动
□拓宽家校合作渠道
□注意家校合作效果反馈
□设立有效的检查管理机制

附件3　珠海市红旗镇三板小学家校合作情况调查问卷（家长篇）

亲爱的三板小学学生家长：

您好！感谢您能参加本次调查。本次问卷调查的目的是调查我校家校合作的现状。调查结果纯用于学术研究，并且采用匿名的方式进行，所以请如实作答。衷心地感谢您的配合。请在适合的选项前的方框中打“√”，可单选或多选。

1. 您的性别：
□男　□女

2. 您的职业：
□工人　□农民　□个体　□私企白领　□公务员　□其他

3. 您的学历：
□中专或以下　□大专　□本科及以上

4. 您的婚姻状况：
□协调和睦　□一般　□有些小矛盾　□关系紧张

5. 您的子女数量：
□1 个　□2 个　□3 个或以上

6. 您子女的就读年级：

□4 年级 □5 年级 □6 年级

7. 您子女的学习情况：

□优秀 □良好 □一般 □较差

8. 您家庭的月收入情况：

□3 000 元以下 □3 000 ~ 5 000 元 □5 000 ~ 10 000 元

□10 000 元以上

9. 您认为家校合作是否必要：

□很有必要 □有必要 □没必要 □根本没必要

10. 家校合作是否需要有组织地进行统一规划：

□非常需要 □需要 □不需要 □根本不需要

11. 家校合作活动是否需要子女的参与和配合：

□非常需要 □需要 □不需要 □根本不需要

12. 您是否需要补充教育子女的心理学和教育学知识：

□非常需要 □需要 □不需要 □根本不需要

13. 大多数教师尽职吗：

□非常尽职 □比较尽职 □不太尽职 □很不尽职

14. 您愿意为学校提供义务服务吗：

□非常愿意 □愿意 □根据情况定 □不愿意

15. 教师经常与您联系吗：

□经常 □有时 □偶尔 □几乎不

16. 您与教师常用的联系方式：（选出三种）

□主动到校 □电话联系 □书信联系 □电子邮件 □家长会

17. 您与教师沟通主要涉及的内容有：

□为人父母的技巧 □学生学习状况 □学生行为习惯

□学生各方面能力 □学生身体健康状况 □学生个性和人际交往

□学生爱好 □成长历程和背景

18. 您通常在什么状况下主动与教师联系：

□当时间充裕时 □当子女状态出现异常时 □不定期联系

□定期联系

19. 一学期内您与教师沟通次数平均为：

□1 次 □2 次 □3 次 □4 次或以上

20. 您的家庭里由谁和教师联系：

□父亲 □母亲 □双方参与 □都不参与

21. 您经常与哪一类教师沟通合作：

□班主任 □任课教师 □学校管理层

22. 您每次与教师单独交流约耗时：
□30 分钟内　□30～60 分钟　□1～2 小时　□2 小时以上
23. 您主动与教师沟通时教师的态度：
□抗拒、逃避　□烦躁、不安　□敷衍、糊弄　□热情、配合
24. 在与教师沟通过程中，您是否有机会表达自己的想法：
□经常有　□有时有　□很少有　□几乎没有
25. 您对家校合作的成效的满意度为：
□非常满意　□比较满意　□一般满意　□不满意
26. 您感受的家校合作中教师的行为：
□一味挑剔学生，指责家长不够配合
□缺乏责任心，逃避家校合作活动
□认为家长参与影响正常工作
□对某一社会群体的家长抱有成见
27. 妨碍家长参与家校合作的主要因素：
□文化水平过低　□对子女关心不够
□缺乏合作意识　□工作太忙
28. 为促进家校合作，学校应该：
□组织丰富多样的家校合作活动
□拓宽家校合作渠道
□注意家校合作效果反馈
□设立有效的检查管理机制

附件 4　珠海市红旗镇三板小学家校合作情况调查问卷（学生篇）

亲爱的三板小学同学：

你好！感谢你能参加本次调查。本次问卷调查的目的是调查我校家校合作的现状。调查结果纯用于学术研究，并且采用匿名的方式进行，所以请如实作答。衷心地感谢你的配合。请在适合的选项前的方框中打“√”，可单选或多选。

1. 你的性别：
□男　□女
2. 你所在年级：
□4 年级　□5 年级　□6 年级
3. 你家庭的子女数量：
□1 个　□2 个　□3 个或以上

4. 你的家庭关系：
□协调和睦　□一般　□有些小矛盾　□关系紧张

5. 你的学习成绩：
□优秀　□良好　□一般　□较差

6. 你的教师经常与你的家长沟通吗：
□经常　□有时　□偶尔　□几乎不

7. 在你眼里教师主动和家长联系的目的是：
□探讨方法，促进你的发展　□了解你的校外表现
□控制你的生活和自由　□向家长告状

8. 在你眼里家长主动和教师联系的目的是：
□探讨方法，促进你的发展　□了解你的在校表现
□控制你的生活和自由　□向教师告状

9. 你的教师更注重与哪类家长联系：
□有一定社会地位的　□支持并配合其工作的
□关心子女教育的

10. 你的教师更注重与哪类学生的家长联系：
□有一定特长的　□学习成绩差的
□学习成绩一般，但有潜力的　□学习成绩好的

11. 如果教师与你的家长沟通，你的同学会如何看：
□表示同情　□没什么特别，很正常　□羡慕你
□幸灾乐祸，甚至挖苦你

12. 如果你的家长主动联系教师，你的同学会如何看：
□表示同情　□没什么特别，很正常　□羡慕你
□幸灾乐祸，甚至挖苦你

13. 教师主动与家长沟通联系后，你的家长的反应一般是：
□积极配合，对你更加关心　□毫无改变，一切照旧
□愁眉不展，唠叨　□态度强硬，非打即骂

14. 家长主动与教师沟通联系后，你的教师的反应一般是：
□非常重视，对你给予特别关注　□简单敷衍，或关注的时间甚短
□毫无改变，一切照旧　□更加厌恶，置之不理

15. 当你的家长与教师进行沟通时，你的心情如何：
□反感、抗拒　□害怕不安
□平静、接受　□心怀愉悦

16. 你是否经常与教师、家长沟通：
□经常　□有时　□偶尔　□几乎不

17. 你是否希望家长主动联系教师：
□希望　□无所谓　□不希望
18. 你是否希望教师主动联系家长：
□希望　□无所谓　□不希望
19. 你是否愿意参加家长会：
□愿意　□无所谓　□不愿意
20. 你是否愿意同家长、教师面对面交流：
□愿意　□无所谓　□不愿意
21. 你认为什么原因会导致一些同学抗拒与家长、教师交流：
□同学怕自己不好的行为表现暴露
□同学怕自己的自由受到限制约束
□同学与教师、家长之间存在代沟，无法理解沟通
□家长与教师交流后反应过于强烈，经常打骂孩子
22. 你对家校合作的成效的满意度为：
□很满意　□比较满意　□一般满意　不满意

家长参与学校治理激励措施的实践研究

无论是从教育学角度还是法学角度出发，都需要家长参与学校管理。首先，在家里，家长对于孩子的教育居于完全主导的地位；在学校中，教师对于学生具有主要的影响力。就实践教育目的而言，家长与教师都是以学生为主要施教对象，立场应该是一致的，只是彼此实践教育的手段与方式有所不同而已。所以，家长与教师应协同合作，共同致力于学生的教育，建立起“教育伙伴”关系，达到家校教育合力。其次，家长参与子女学校教育事务的权利是父母权利的延伸。学校教育最常被现代父母所关注，虽然家长在学校中不负责执行教学，也不负责规划主导课程和教材，但是如果学生接受了不合适的学校教育，其不良结果仍得由学生家长承受。因此，父母基于保护子女权益的立场与职责，具有参与子女学校教育的合理性和正当性，有权利参与和监督学校教育事务的管理和开展。

一、家长参与学校治理激励措施实践研究的意义

“教育”一词在《现代汉语词典》中的意思是“按一定要求培养人的工作，主要指学校培养人的工作”。现代教育大体可分为家庭教育、学校教育

和社会教育。家庭教育是最基本的教育，是整个教育的基础和起点，也是持续时间最长的教育。家庭教育是学校教育的延伸和拓展，是学校教育不可或缺的补充，家长是否有效地配合学校对子女进行教育，直接决定着学校教育的效果。苏霍姆林斯基认为，“没有时间教育子女，就意味着没有时间做人”，可见家庭教育的必要性和重要性。

我们常说“十年树木，百年树人”。教育是一个长期的过程。学校的教育固然重要，但是加强与家长的沟通联系也同样重要。密切学校同家庭、社会的联系，加强对家庭教育的指导，提高家庭教育水平，使三者之间相互配合、协调一致，才能促进育人机制的完善。《三字经》中有言：“养不教，父之过；教不严，师之惰”，可见家庭教育和学校教育在一个人的成长过程中都发挥着不可替代的作用。家庭教育是学校教育的基础，又是学校教育的补充。由于每个家庭的背景、生活环境不同，家长从事的职业也各不相同，他们所掌握的知识、技能及人生阅历、生存本领都是可利用的资源，可以说每个家庭都蕴含着丰富的教育资源。教师与家长的相互沟通、相互协作，家庭教育与学校教育的相互补充、相互促进，使学校与家庭两种教育环境、两种教育形式、两种教育资源相互整合，形成一股教育的合力，促进学生健康成长。

二、家长参与学校治理激励措施实践的研究现状

近年来，家校协同作为促进学生发展的教育方式，其重要意义日趋凸显。随着教育部《关于建立中小学幼儿园家长委员会的指导意见》和北京市教育委员会《关于进一步建好家长教师协会的意见》的出台，家长作用得到进一步发挥，家校合作得到顺利开展，合力育人被纳入制度化的轨道。2016年广东省教育厅发布了《关于进一步加强中小学幼儿园家长委员会建设的通知》，要求全省公办和民办中小学和幼儿园，凡无特殊原因的都应建立家长委员会，并规范家长委员会的设置与管理。

三、家长参与学校治理激励措施实践研究的创新之处

目前，家长参与学校治理未能得到很好的落实，究其原因主要有以下几点：

首先，家长参与学校管理有时是形式多于实质意义。例如，一些学校的各种重要制度规则及校务发展计划并未提交校务会议讨论决定，而多由校长一人决策或在校内其他会议上决策，这使得校务会议流于形式，让许多学校的家长会沦为学校的附庸，不能真正发挥家长会对学校发展的监督作用。其次，学校对家长参与学校管理还存在一些误解。不少学校的领导及教职工认

为，“家长的参与监督”是家长对学校和教师的不尊重与不信任。这些观点和看法影响了家长对学校管理的参与和监督。再次，某些家长的参与确实干预了教师的教学专业自主，有的还干预了校长的行政权力，造成家长与学校的关系紧张，甚至产生对立和争议。尽管如此，家长参与学校管理已然成为当今基础教育的一种趋势，而且随着家长参与意识的觉醒和教育认知的提升，家长参与学校管理的程度也会越来越高。在这种发展趋势下，解决学校和家长的关系已成为必然。因此，现阶段学校应积极促进家长参与学校管理。

（一）学校更新观念

学校教育是政府为保障人民学习及受教育的权利而实施的，其教育内容和教育方式就应该对人民负责，教育人员应当以开放的态度接受人民的参与和监督。在学校教育领域，学校首先要本着一颗平常心，改变“因为怀疑有问题，才要监督”的偏执想法，接纳家长“监督办学”，将家长参与看作是机会，是帮助，是资源。

（二）做好全校家长的动员工作

虽然家长的素质已获得极大提升，但大多数家长还缺乏参与的热情。学校可以通过宣传动员、举办“家长学校”等方式使家长认识到参与学校管理是办好学校、搞好教育必不可少的，是当今家长的一项重要责任。

（三）设计、开展活动，奠定合作基础

设计、开展一系列制度化的活动，能使家长与学校建立良好的感情，形成相应的运作机制，奠定长期合作的基础。同时，使家长有了解学校的渠道，有表达自己的意见、建议的渠道，这是家长参与学校管理的保障。

（四）编制学习手册

学校也可编印《家庭手册》《学校手册》《家校合作手册》等，为家长提供了解学校教育理念、课程设置与目标、校务计划、教师评价、学生成绩考查办法与奖惩办法、申诉渠道、家长权利与义务等各项办法和规定的机会，以调动家长的参与热情。

四、家长参与学校治理激励措施实践研究的方法手段

（一）成立家长委员会

家长委员会是学校、教师与家长之间相互联系的渠道，是家庭教育与学

校教育相互协同的纽带。家长委员会可以发挥家长的集体智慧，可以有效利用家长资源为学校的发展出谋献策，加强学校的教学管理工作。家长委员会在家校协同中具有教育、管理、助学、研究和评估等作用，以及沟通家校的桥梁作用。

（二）开设家长学校

家长学校是普及家庭教育知识、提高家庭教育水平、优化家庭教育环境的一条有效途径。通过家长学校，学校向家长宣传现代教育理念，推介正确的家庭教育方法和经验，剖析家庭教育的误区及其危害，从而转变家长的教育观念，提高家长的教育素质，提升家长的教育能力，使家校协调一致，产生积极的协同教育力量，促进学生健康成长。随着网络技术的发展，目前家长学校多采用网上教学。

（三）设立学校开放日

学校开放日（也叫家长开放日），是学校在预定时间，有目的、有准备地请家长来学校参观或参与学校教育教学活动的一种综合性活动，它可以让家长更多地了解学校概况和自己孩子在学校的情况，增强家长对学校的信任。开放日活动一般包括评教评学、请家长进课堂听课、学校主题教育活动汇报及获奖作品汇报表演等。

（四）创设校报、校刊

校报、校刊是中小学校园文化建设和教育科研的重要载体，既是学校的信息平台和文化视窗，又是沟通教师、家长、学生的桥梁。校报、校刊进入家庭，可以促进家长参与教育，可以让家长了解学校教育教学的新举措与新思路，以及学生的智慧与情感。随着信息技术的发展，校报、校刊也由传统的纸质报刊逐步走向网络化，依托校园网，将校报、校刊的电子版上传到网站上供读者阅览。

（五）新型家校网络协同教育模式

如今飞速发展的信息网络技术为家校网络协同教育提供了条件保障，特别是在较发达的城镇，诸多社会性软件为家长和教师的交流互动提供了新途径，如博客、QQ、微信、E-mail 等等。它们在协同教育中的应用主要体现在以下几个方面：①作为及时沟通、交流的工具；②作为资源积累与共享的平台；③作为协同教学的工具。此外，“校讯通”因其所具有的一定优势仍然被普遍使用。

第三章
教育思想　且行且成

以评价引领学生道德成长
——学生综合素质评价的校本探索

所谓综合素质评价，是指在一个学段结束后，对全体学生的发展状态与水平进行全面、综合、多渠道的测评，以明了学生在道德品质、学习能力、运动健康、公民素养、交流合作与实践创新、审美及表现能力等方面的情况。学生评价的终极目标是不仅要引导学生学习，而且要引导学生学会为人处世、学会生活，观注学生的道德成长。为此，三板小学对学生综合素质评价进行了如下创新探索。

一、依托校本德育课程，建立多元评价理念

新课程改革的实现形式是“一标多本”，即国家给予学校自主开发课程的权限，让学校根据教师和学生的需求，结合自身条件进行课程开发，形成一种本土的、独特的、有个性的校本课程。实践表明，校本德育课程建设为学生综合素质评价内容的多元化探索提供了丰富的资源。例如，近年来三板小学以中华优秀传统美德之“孝”文化为核心，通过“孝心课程”的建设与实施，着力创建校园“如家”文化。“孝”是一种责任，孩子只有学会“孝”，才会对自己、他人、家庭，乃至社会和国家产生责任感。而这种责任感的形成过程，又能促进学生“自我培养能力”的形成与发展，实现其社会化发展。

课程以“孝德观念”为培育目标和评价核心，着力考查学生在课程学习

过程中表现出的孝心意识和孝心行为，激励学生争当“孝心之星”。由此，将学生的家庭与社会生活纳入综合素质评价体系，丰富学生的道德成长内涵。

针对农村学生综合能力较弱的现状，三板小学开设了“校园景观课程”，即选取校内16处景观，培训“校园小主播”做景观宣讲，以点带面，通过“小师父”带“小徒弟”，培养校级主播、班级主播、小组主播等。学校在宾客来访、德育活动、班级日常活动中，为小主播提供展示平台，并将此纳入综合评价体系，以此鼓励学生积极参与校园活动，体认校园“如家”文化。

此外，三板小学重视学生兴趣爱好，开设了关于书法、民乐、英语配音、家庭阅读、家庭教育辅助、行为养正、家务、仪典、传统节日等的特色课程，借此让学生发现自己的优势与特长，并通过评价激励学生张扬个性，快乐成长。

借助丰富的校本德育课程实践，三板小学引导教师转变观念，以多元评价理念重新认识学生，引领学生全面健康成长。

二、拓展多元评价视角，培育健康生活态度

为了改变学生“在家一个样，在学校另一个样”的状况，学校改变传统的教师单一评价的方式，让家长、同学等其他评价主体参与到学生评价之中，使评价视角更丰富、更客观、更立体。借此，发挥家校合力的作用，共促学生道德成长。

例如，三板小学尝试创设每天“七个一”综合活动，即每天写一篇日记，读一本课外书，户外活动一小时，做一次眼保健操，做一次家务，参加一次校园志愿者活动，背一句经典名句，说一句英语。活动涉及学生的家庭生活和校园活动，家长、教师、同学都能积极参与评价，并借助评价帮助学生实现自我提升。又如，为了促使学生做家务，学会承担家庭责任，学校专门开设了“家务课程”。针对一至六年级学生的特点，学校每月设立一个相应主题及50个细项，让学生在家中对照训练，并按期上传相应视频及照片作为作业。教师定期对作业检验和评价，并将结果记入学生的综合素质评价档案。在这一过程中，评价主体是“多元”的，学生所获得的评价是“立体”的。家长既负责指导，也是最直接的评价主体，对孩子参与家务劳动的态度、技巧、进步及问题最有发言权，评价权重最大；班主任负责把握整个流程；在阶段展示和检验中，学生的家务技能要接受同学和教师的评价。

在这一过程中，学生既是评价者又是被评价者，不仅能根据评价提升自

身能力，还能学会如何正确、客观地评价他人，学会以全面、发展的眼光看待自己和他人，进而形成自信、健康向上的生活态度。

三、倡导评价过程即成长，引领道德持续成长

实践证明，无论对学生评价的方式或模式如何变化，只有“得童心”的评价才能让学生获得真正的发展。因此，学生综合素养评价必须摒弃以往过分关注评价结果，强调甄别和选拔的倾向，转向关注学生学习与成长过程中的兴趣、情感和价值观等要素。我们倡导评价过程即成长过程，通过评价更好地促进学生快乐成长。

据此，三板小学在学业考试中做了尝试性改革。既然考试是对学生一个阶段学习的总结，那么，评价过程和结果展示都应该是学生自主创生的。因此，我们以“汇报表演”作为期末评价总结的主要方式，为学生总结与展示成长成果提供舞台。每个学期末，学校都会推选“最美孝心少年”“最美读书少年”“最美勤劳少年”“最美礼仪少年”“成绩优秀奖”“成绩进步奖”“十佳毕业生”“十佳学生”等等，让每个孩子都有成长的收获和被赞赏的体验，每个人都会因努力而获得表彰和尊重。这种评价方式是“得童心”的，自然能赢得学生的认同，成为其持续成长的动力。

作为教育者，我们的使命就是让每个孩子看到希望，看到光明。我们要让孩子们感受到，只要心中有光明的底色，在困难的时候就永不绝望。坚持多元综合素质评价，让我们在学生心中燃起熊熊的希望之火。

信息技术支持下的小学国学教育探究

“国学”又称“汉学”或“中国学”，泛指传统的中华文化与学术。现在一般提到的国学，是指以先秦经典及诸子学为根基并涵盖后期各朝代文学成果的各类文化学术。国学是中国传统文化中的精华，国学中的学术与知识，是人类共同的财富，是带普遍性规律的，是兼容并包的，是与当代文化中的精华及学术精髓相容共生的。学校环境中的国学教育，既要顺应时代和社会上的“国学热”的现实需要，也应该有自己独特的教育形式和途径，做到学校教育与新时代的结合，课堂教学与课外活动的结合，实现国学在小学教育的融合创新。

一、 国学教育失衡：社会“热”与校园“冷”

国学大师季羡林曾说：“儿童经典诵读正在将文化的种子撒播在孩子的心里，撒播在希望的田野上。春华秋实，它的作用在不久的将来必会凸现，为这项工程所作的任何努力，都会使安放我们灵魂的精神家园更加美好。”汤一介教授曾说：“一种文化有了深厚的根，才能吸收外来文化。今天我们要吸收西方文化，前提是必须很好地了解我们自己的文化。”近年来，国内兴起了一股“重振国学、振兴国学”的热潮，读经、读古典诗词、学习优良的道德教化传统，在全国各地兴起，我国学术界也出现了重视中国传统文化研究的趋势，大批学者、教授走上媒体讲坛开讲《论语》心得、解读《三字经》等。同时，也开始重视向国外输出中华优秀传统文化。2004 年 11 月中国第一所海外孔子学院在韩国汉城挂牌，2005 年 5 月澳大利亚首家孔子学院落成，2006 年 2 月加拿大首家孔子学院揭牌。截至本书出版前，全球已有 162 个国家（地区）设立了 541 所孔子学院和 1 170 个孔子课堂。其中，亚洲 39 国（地区），孔子学院 135 所，孔子课堂 115 个；非洲 46 国，孔子学院 61 所，孔子课堂 48 个；欧洲 43 国（地区），孔子学院 187 所，孔子课堂 346 个；美洲 27 国，孔子学院 138 所，孔子课堂 560 个；大洋洲 7 国，孔子学院 20 所，孔子课堂 101 个。

伴随着这股国学热潮，一度被“边缘化”、被“弱化”的国学教育也慢慢回归校园，回归课堂。国学经典走进课堂，一些中小学开始开设与《三字经》《弟子规》《论语》等相关的课程。让国学经典走进校园，趁青少年心性纯净，让其耳濡目染于先贤的智慧思想之中，从而潜移默化涵养其气质，陶冶其情操，丰富其文化底蕴和高尚情怀，让孩子一生受用。这本是培养青少年健康的人格的有效途径，然而，由于大家还普遍没有认识到国学的重要性，学校没有制订周密的教学计划，也没有采取切实可行的措施，更没有完善的考核奖励评价制度以确保国学教学活动的有始有终、富有实效，使得青少年对读经典、学国学的兴趣不高，很多青少年能说流利的外语却看不懂简单的文言文，国学在校园遭受冷遇。

纵观国学在社会和学校的发展，笔者发现如今国学发展存在社会“热”与校园“冷”的两极局面。但无论国学是“冷”还是“热”，都面临一个非常严峻的问题，那便是在这个科学技术迅速发展的年代，我们如何激发学生对国学的兴趣与热爱？如何把国学经典有效地渗透进校园、巧妙地融入课堂？基于此，笔者利用信息技术手段来开展国学教育，以此提升学生学习国学的兴趣。

二、国学教育价值：启情智、益品德

《义务教育语文课程标准（2011 年版）》指出：要“认识中华文化的丰厚博大，汲取民族文化智慧。关心当代文化生活，尊重多样文化，吸取人类优秀文化的营养”，同时还要“注重继承与弘扬中华民族优秀文化”。语文教学不仅要引导学生学习语言知识，还要关注学生的全面健康发展，做到知、情、意、行的统一。国学是中华文明的主要载体，就内涵而言，国学是中华民族精神的集中体现。因此，关注语文课程中的国学，并充分认识国学的当代教育价值，不仅是新课标的要求，而且对民族文化的传承、对民族精神的培育，尤其对小学生情智的启迪与品德的增益具有重要意义。

（一）接受语言训练，发展认知能力

小学生的记忆力普遍较好，通过有意识地培养，其记忆力可以得到有效的锻炼。读经不仅能让孩子开口说话，而且经典古文中丰富的词汇能让孩子的语言表达能力得到充分的锻炼。通过指读，能较轻松地解决孩子的识字问题，从而进一步培养孩子的阅读能力。

（二）感受中国文化，激发爱国情怀

中华文化源远流长。这一文化的生命之流所培育出的人文精神，以其深厚的底蕴支撑着我们这个民族的思想命脉，支撑着社会的政治、经济、文学、艺术，显示出无穷的活力与潜力。要通过语文课堂教学的渗透，抓住学生的认知特点，激发其内心的爱国热情。

（三）继承民族精神，熏陶道德品质

《义务教育语文课程标准（2011 年版）》提出：培养学生高尚的道德情操和健康的审美情趣，形成正确的价值观和积极的人生态度，是语文教学的重要内容，不应把它们当作外在的附加任务，应该注重熏陶感染、潜移默化，把这些内容贯穿于日常的教学过程之中。在这方面，国学教育有其独特的优势，其倡导的真、善、美的道德品行，对于开阔心胸、提升人格教养、培养好学精神和开发潜能、启迪智慧等都具有十分重要的作用。

三、信息技术支持下的小学国学教育实施路径

为提高小学生学习国学的兴趣与积极性，笔者所在的三板小学搭建了

SaaS 国学资源共享平台，旨在拓展学习资源，加强课内外语文学习的联系，通过各种电子终端为不同层次的学生提供更多的学习资源，运用“大语文观”的教学策略帮助学生积淀文化，夯实语文基础。

（一）SaaS 国学资源共享平台

SaaS（软件即服务），是“Software as a Service”的缩写，是一种通过互联网提供软件服务的模式，服务提供商将应用服务部署在云端服务器，提供多租户的应用，客户通过各种终端租用并使用 SaaS 服务平台提供的各种应用服务。笔者建议搭建的 SaaS 国学资源共享平台，提供了国学资源空间、个人空间、互动空间和常用工具等应用服务。其中，“国学资源空间”用于共享和展示官方提供的丰富的音频、视频、动画、图片和文字等国学资源，支持在线资源编辑、上传、共享、收藏和播放展示；“个人空间”用于维护和管理个人上传和共享的国学资源；“互动空间”用于为广大国学爱好者提供一个交流互动的窗口；常用工具提供的国学资源可转化为动画（或动图与短视频）、PPT、微信小程序等，便于推广和大屏投放。

（二）小学国学教育的实施路径

1. 运用信息技术，拓展国学学习资源

为了提高国学学习资源的影响范围及传播力度，达到普及国学教育的目的，SaaS 国学资源共享平台实现了国学资源的共享和管理，并可自动生成各种动画及微信小程序。例如，教材中一些关于劝学的经典名句，如“一日无书，百事荒芜”“读书破万卷，下笔如有神”“书犹药也，善读之可以医愚”等等，教学目标的要求是学生需会读、会背、会默写，以达到积累运用的目的。但这类经典名句的出处、在原文中的意思、作者创作意图等相关内容的搜集整理，都需要学生通过查阅资料自己去寻找答案，这样做会花费学生较多的时间，不太现实。若借助现代信息技术，通过校内电子大屏幕、手机终端等途径推送给学生，不仅节省了学生的学习时间，也会激发学生学习国学文化的兴趣。

与传统教学手段相比，借助信息技术手段来传播国学文化，使得国学文化的学习形式更加多样、内容更加丰富，既符合了国家信息化教育的整体规划，又顺应了当代社会的发展趋势，更激发了学生对国学的兴趣，实现了推广国学的愿望。

2. 加强教育教学研究，完善教师教学艺术

中华文化是人类文化的重要组成部分，认识中华文化的博大精深，吸收民族文化智慧是义务教育阶段语文课程教学的总目标之一。如何落实这个目

标，教师是关键，课堂教学是主要着力点。教师可将 SaaS 国学资源共享平台提供的各种音频、视频、动画、图片和文字等国学资源运用于国学课堂教学，使国学内容以更加生动活泼的形式呈现，寓教于乐，易使学生接受。例如，笔者在教授人教版语文五年级下册《草船借箭》（选自《三国演义》）一课时，通过 SaaS 国学资源共享平台链接上《三国演义》的开篇词："滚滚长江东逝水，浪花淘尽英雄。是非成败转头空。青山依旧在，几度夕阳红。白发渔樵江渚上，惯看秋月春风。一壶浊酒喜相逢。古今多少事，都付笑谈中。"这样的拓展学习，让师生都成为学习者，借助 SaaS 国学资源共享平台，让师生的文学功底得到夯实，文化底蕴得到提升。

3. 注重课内课外结合，提高学生的参与感

在中小学语文教学中融入国学经典教学内容的同时，延伸教学活动，组织丰富多彩的语文实践活动，开展国学经典读书活动，形式尽量多样化。例如，举办古诗词诵读比赛等活动，每天课前诵读国学经典，指导阅读课外国学经典名著，制作阅读卡，写读后感，等等，实践"大语文"课堂理念。

SaaS 国学资源共享平台除了为教师、学生提供丰富的国学资源外，还为师生提供课本之外的自主创作空间。教师与学生可以在该平台上直接进行国学资源的编辑与创造，将创造性的想法变为现实，进一步丰富国学资源。例如，学习完人教版语文五年级下册后，师生借助 SaaS 国学资源共享平台上传自己感兴趣的诗词佳作，学生的自主学习积极性非常高，拓展学习效果很好，许多学生能脱口而出毛泽东的诗词《沁园春·雪》《忆秦娥·娄山关》等，并且在平台上写下了精辟的评论及学习的心得体会。

这样的教育过程既可以激发学生学习传统文化、国学经典的兴趣，也非常有利于学生的语文能力培养，提高其语文素养。

四、结语

国学集中体现了中华民族精神，国学教育对于小学生的人格养成具有重要的现实意义。在信息技术支持下的小学生国学教育探究，构建 SaaS 国学资源共享平台，有效地丰富了小学生国学学习内容，让学习更轻松、更有趣、更扎实。该方式提高学生思想认识，利用信息技术手段进行小学国学教育，寓教于乐，让学生乐于学习，在趣味学习中继承中国传统文化丰富的人生智慧和深厚的人文底蕴；在潜移默化中，塑造小学生正确的社会价值观与荣誉观，帮助小学生养成良好的学习及行为习惯；拓展小学生的知识面，丰富其文化知识；也有利于学校更好地开展道德教育，促进学生健康人格的形成和素质教育的实现。

以“善”的名义

——珠海市红旗镇三板小学构建德育课程体系初探

三板小学始建于 1972 年，是一所六年制、位于城区边缘的农村小学，服务的人群主要是周边村落村民及三板工业区外来务工人员的子女。

多年来，学校始终坚持“如家教育”思想，坚定“生活就是教育，教育就是服务”的教育理念和“学习就是快乐，快乐就是成功”的学习理念，以“上善若水，厚德载物”为校园文化核心，促进广大学生生动、活泼、主动发展。近年来，学校在巩固、传承原有优秀校园文化的基础上，从顶层设计入手，整体研发、探索、构建了德育“善课程”体系。

一、“善课程”体系的逻辑起点

我们认为，有什么样的课程，就意味着为学生呈现什么样的生活；有什么样的生活，就意味着可能培养出学生什么样的素养。所以，我们希望用课程的方式呈现生活的样貌，丰富教育资源，从而实现育人的更大效能。这也是三板小学的教育理念——“生活就是教育，教育就是服务”的逻辑起点。

三板小学的校训是“从善、乐学、求真、创新”。其中，“善”是学校教育思想和教育行为的核心。我们认为，这一个“善”字，包括了两个层面的含义，一是“善良”的“善”，包括“百善孝为先”的“孝心”、“善对他人”的“爱心”、“善对万物”的“慈心”等等，这是对学生品格成长方面的引导。二是“擅长”的“擅”，校训中的“乐学、求真、创新”也都是从这个“擅”字生发而来，引导全体学生全面发展，学有所长，这是对学生能力成长方面的期望。

我们在认真研究校训的基础上，从分解校训、落实校训入手，以校训为出发点，逐步构建起“善课程”德育课程体系。

二、“善课程”体系的具体内容

要建立起一整套德育课程体系，就必须要有明确的课程目标，有翔实的落实方案，有具体的工作措施，有相对完善的综合评价方式，以及与之相适应的、灵活多样的配套教材。

到目前为止，“善课程”体系包含了养正课程、家务课程、校园景观课程、仪典课程、安全课程、节日课程、志愿者课程、家庭教育辅助课程、“家长上讲台”课程等三大类共九个项目。三大类分别是：家校合作类（家庭教育辅助课程、“家长上讲台”课程）、习惯养成类（养正课程、家务课程）、实践活动类（校园景观课程、仪典课程、安全课程、节日课程、志愿者课程）。这些课程形式丰富，紧贴生活，个性突出，每一门课程都承载着不同的教育目标和教育内容，帮助学生既有“善心”，又有“善行”；既是“善行”，又会“擅行”。以下以“仪典课程”“志愿者课程”为例进行介绍。

（一）仪典课程

仪典课程以庄重、热烈、隆重的庆典活动为依托，对学生进行行为规范方面的训练、情感的激发、价值观的建立。它包含了入学礼、开学礼、毕业礼、散学礼、成长礼、孝亲礼、入队礼、升旗礼、敬师礼等九个不同时段的活动。在这九个特殊的时段，根据当时的情况，设计不同的教育主题和内容，全体师生共同参与，在隆重热烈的氛围中，体验不一样的感动与震撼。

（二）志愿者课程

志愿者课程是一项特殊的实践课程，其课程目标就是从小培养学生的奉献与公益之心。

多年来，三板小学建立了一支人数众多的家长志愿者队伍，大家齐心协力，携手共建美好家园，极大地促进了学校的发展。家长学校及志愿者团队也因此多次受到各级政府表彰，在市内外有较强的影响力。我们一方面定期为志愿者提供教育公益讲座、学校情况汇报、家庭教育咨询、实践活动指导等，帮助他们不断壮大队伍，提高工作水平；另一方面依托他们建立起学生的“小志愿者”队伍。这支队伍由少先队具体指导，由家长志愿者提供专业的志愿者指导课程，从三年级开始，每周一节课，既包括关于志愿者的一些基础知识，也包括形式丰富的校内外实践活动。例如，在家长志愿者的带领下，学生们到附近的制糖厂去参观，了解其历史与沿革，然后编绘宣传画册和旅游地图，为建设三板水乡新农村做力所能及的贡献。这次实践活动，给参与活动的学生和当地群众留下了深刻印象。

三、“善课程”体系的实施特点

（一）课程的活动性

德育课程的特点更多地表现为活动性，“善课程”亦然。

以“校园景观课程”为例，我们选取了校园里的16处景观，赋予其一定的内涵，组织教师与学生自行编创，使之成为一组教育素材，其内容包括爱国、爱校、乐读书、懂礼仪、知感恩等等。然后以年级为单位，选取符合学生年龄特点及实际需求的景观开展相应的教育教学活动。活动形式丰富多彩，有赞美自然的佳作诵读，有歌唱祖国的红歌比赛，有深情倾诉的感恩书信会，有知礼守礼的现场小表演。课程活动性强，基于小学生的年龄特点及学习规律而进行设计。孩子们在广泛参与、乐于参与的基础上，潜移默化地受到了感染与熏陶。又如“节日课程”，三板小学逢传统节日必过，即使处于考试复习期或者有重大事件，学校也会提前安排丰富多彩的节日活动，例如，元宵节的闹花灯、端午节的包粽子、中秋节的吃月饼、重阳节的赏菊敬老等等，都深受学生的喜爱。笔者认为，这些节日所蕴含的教育因素并不亚于日常所读的课本，这些节日的活动本来就是我们生活的一部分，也是我们教育的一部分。

（二）课程的实效性

德育课程的实施过程中，难的不是活动的设计，而是实施与评价的可操作性。所以在“善课程”体系上，我们格外重视每一项课程的评价。每一项课程出台之前，就先行设计了评价权重、评价标准、评价方法及评价人。以“家务课程”（如表3－1所示）为例，该课程的教育目标是根据学生年龄特点，使其分阶段掌握基本的家务劳动技能，培养学生的自理能力、劳动习惯和责任意识，同时增强其自信心和创造力。

2017年8月由教育部发布的《中小学德育工作指南》（教基〔2017〕8号）指出：“加强劳动实践。在学校日常运行中渗透劳动教育，积极组织学生参与校园卫生保洁、绿化美化，普及校园种植。”“教育引导学生参与洗衣服、倒垃圾、做饭、洗碗、拖地、整理房间等力所能及的家务劳动。”而培养学生基本的劳动技能和生活常识，对于三板小学这所农村小学来说具有特殊的现实意义。因此，学校“家务课程”是三板小学培养学生“孝亲、感恩、回报、责任”的切入点和落脚点。

表 3-1　三板小学“家务课程”安排表

年级	上学期				下学期			
	9 月份	10 月份	11 月份	12 月份	3 月份	4 月份	5 月份	6 月份
一年级	整理书包	系鞋带	整理书桌、抽屉	洗蔬菜、水果	清理室内灰尘	扫地、拖地	摆餐具、收拾餐具	洗袜子
二年级	叠衣服、系红领巾	铺床、叠被	用电饭锅煮饭	自己端水洗脚	洗内衣	剪指甲	整理衣柜	整理自己的房间
三年级	浇花、收拾花草	洗碗盘	搭配鞋袜	准备方便食品	女生会梳头扎辫子，男生选择合适的发型	缝扣子和校徽	煮蛋	洗头、洗澡
四年级	做一道拿手菜	花式切菜	替家人按摩	做沙拉	使用微波炉热饭菜	洗小件衣服	刷鞋	使用体温计
五年级	煮面	煎蛋	擦玻璃	烧水沏茶	使用洗衣机	“变废为宝”	学会看说明书	认识菜、买菜并学会简单议价
六年级	学会简单记账	煲一种汤	会基本护肤常识、会使用适合的护肤品	学包饺子、准备年货				

为使“家务课程”落到实处，我们进行了精细化的管理。首先是内容的精准设定。一项技能一分，每个学期按四个月计算，每个月分别有一到两个项目，六年共有约 50 个训练项目，包括了日常生活所需要的多种基本技能。

其次是评价的真实落地。一是每月的项目学习计入学生的日常考核表，学期末计入《学生成长手册》，与语文、数学等成绩一起向家长进行专项反馈。二是每年度的劳动技能大赛，要求全体学生参加，成绩按优、良、合格三档计入日常考核表。三是把“家务课程”的学分作为学生必修学分。

只有实实在在地考虑了课程实施的可操作性，才可能真正走向深入，也才可能让学生真正在课程实施中受益，否则，一切都只是纸上谈兵，最后只有一时热闹，于师生而言都是有害而无益的。

（三）课程的多元参与性

德育课程不是封闭在校园内的一潭死水，而是与外界的社会生活交相呼应的“一体化”产物。因此，“善课程”在构建伊始，就特别重视打破教育壁垒，加强互动，多元参与。

三板小学将办学目标定位为“办一所学生的学校、教师的学校、家长的学校”，家校共建是三板小学的办学特色之一。“善课程”实施后，学校开设了两项专门针对家长的课程：家庭教育辅助课程及“家长上讲台”课程。这两项课程既将家长作为教育与辅导的对象，又将他们作为教育的主体和资源，极大地完善了“善课程”的体系结构，增强其教育力量。

1. 家庭教育辅助课程

开设家庭教育辅助课程的目的是大力提高三板小学学生家长对家庭教育的认识，并帮助他们改善家庭教育方法，共同促进学生的健康成长。该课程对于三板小学这类地处农村的学校来讲，有着不一般的意义。三板小学的学生家长70%以上是外来务工人员，由于种种原因，他们忽视了家庭教育。针对这种情况，我们的课程设置方式是学校总体把控，按学期安排内容，具体工作方式则是到校集中授课与家庭走访相结合，校级领导重点突破与班主任常态帮扶相结合，让现代家庭教育理念真正在三板小学每位学生的家里、每位学生的家长身上得到落实。

2. “家长上讲台”课程

由于每位学生家长从事的职业不同，涉及的领域也较广泛，这些都是极好的教育资源。三板小学每学期安排三次“家长上讲台”课程。由班级家长委员会统筹安排，具体内容由家长设计。这些活动，不仅开阔了孩子们的视野，更重要的是调动了家长们参与孩子教育的热情，同时在潜移默化中不断改变他们的教育观念。

课程的多元参与性，还在于实施这一课程的人员并不仅限于德育校长、大队辅导员、班主任等专职德育工作者，年级组长、科任教师、家长、学校其他工作人员，包括学生自己都被纳入教育者和评价者的角色中。人人受教育，人人亦教育影响他人。

“新故相推，日生不滞。”“善课程”是三板小学开展德育工作的一项新举措，目前已全面实施，还将进行深入的探索，不断完善课程架构，丰满课程内容，严谨课程评价，以实实在在地促进学生的健康成长和全面发展。

提高规范化管理绩效的思路与策略

学校管理要规范化，首先要依法治校。1986 年我国首次颁布并实施了《中华人民共和国义务教育法》（以下简称《义务教育法》），截至 2020 年，《义务教育法》已修订一次，修正两次。过去的三十多年里，正是有了法律的保障，教育改革的春风才能吹遍神州大地，教育改革的硕果才能挂满枝头。作为一名教师，能够沐浴在这改革的春风里，能够品尝这硕果的甘甜，毋庸置疑，这是一种工作的快乐，更是一种人生的幸福。《义务教育法》确保了义务教育的全面实施，像一道久违的春雷，炸开了阻碍义务教育进程的大山；更像一股无比清澈的泉水，洗涤了我们心中的无奈与忧虑，让我们欣喜地看到义务教育真正做到了本位回归，不再隔着教育的“义务”二字雾里看花，为我国的义务教育带来了全新的发展模式、管理机制与制度支持。随着法律的贯彻、实施，我国的义务教育必将在若干重要方面呈现出全新的面貌，义务教育改革与发展的方向更加明确，步伐会进一步加快。

《义务教育法》是学校规范化管理的立根之本，学校管理要规范化就必须用法律导航，朝着依法治校的方向前进。笔者认为，治好“安全、德育、教学”这三条大路方能提高规范化管理的绩效。

一、安全管理思路与策略

“安全责任重于泰山。”想必，这是每个学校管理者都铭记心中的一句话。没有安全保障，一切工作免谈，更谈不上管理绩效。《义务教育法》第三章第二十四条规定：“学校应当建立、健全安全制度和应急机制，对学生进行安全教育，加强管理，及时消除隐患，预防发生事故。”因此，学校的安全管理必须做到制度完善，工作超前，长抓不懈。首先，安全管理制度必须要完善，应急机制必须切实可行，各项安全管理制度和应急机制都要各层级管理者及教师、学生认真学习并贯彻执行。各项安全管理制度和应急机制是确保校园安全的有力措施，它不应该只是在应付上级部门检查时才搬出来的“档案”。其次，安全管理工作要超前。正所谓“防范胜于治疗”，学校管理者进行安全管理工作时要未雨绸缪，要有“惊心”和“细心”。所谓“惊心”就是在安全管理过程中对一些小的安全隐患不可忽视，牢记安全管理“事无巨细”，牢记安全隐患不分大小，任何隐患都有可能造成不可估量的危害。“细心”则要求学校管理者进行安全管理工作时处处要认真，不仅对外有关安全信息的渠道要畅通，对内（校园）有关安全信息的细节要处处留心，而且要超前布置安全工作，实施安全工作措施，把可能出现的非安全因素挡在门外，唯有如此，安全工作才能真真正正落到实处。有了完善的制度，也有了超前部署的意识，还远远不够，要牢记在安全管理工作中没有“一劳永逸”的概念，更没有“一劳永逸”的可能，对安全工作长抓不懈、警钟长鸣才是安全工作之根本。

二、德育管理思路与策略

提起“德育”二字，人们往往首先想到的是对学生进行的道德教育，这种理解是不全面的，是有失偏颇的。有言道：“学为人师，行为世范。”学校的德育管理，首先是对教师的德育管理。《义务教育法》第四章第二十九条规定：“教师在教育教学中应当平等对待学生，关注学生的个体差异，因材施教，促进学生的充分发展。教师应当尊重学生的人格，不得歧视学生，不得对学生实施体罚、变相体罚或者其他侮辱人格尊严的行为，不得侵犯学生合法权益。”教师是履行教育教学职责的专业人员，承担教书育人、培养社会主义建设者和接班人、提高民族素质的使命，教师应当忠诚于人民的教育事业。因此，教师在工作中，要严格规范自己的思想和行为，全心全意为学生服务，让学生满意、家长放心、社会认可，不体罚和变相体罚学生，不讽刺、挖苦学生，不威胁、责难家长，时刻以教师的道德行为规范来要求自己，处处“身正为范”。对于后进生，不拔苗助长，不歧视忽视，要耐心教育，尊重每一个学生，因材施教。

学校的德育管理往往会走向这样的误区，就是在德育教育过程中，只关注对学生的德育教育，忽视对教师的德育教育，导致教师做出违背职业道德甚至违法的行为，造成不良的社会影响。所以，学校在德育管理的过程中，必须依法治校，根据法规制定学校规章制度，并且在执行过程中要强势贯彻。纵观整个教师队伍，体罚或变相体罚学生的事件层出不穷，有些教师甚至屡教不改。造成如此后果，校方是有责任的，因为教师在教育教学工作中可能存在法律意识薄弱抑或不知法的情况，因而增强教师的法律意识，让教师依法治教是学校德育工作的重头戏，只有教师知法守法才能培养出知法守法的学生。如果教师不依法治教，学校不依法治校，那么，教育就无法进行。

有了学校的依法治校、教师的依法治教，学生的德育工作才有推进的可能。谈起学生的德育工作，我们常常看到这样的现象：学生违反纪律了，学校才组织学生进行教育；学校一学期才开展两三次专题德育教育。以上做法都是部分学校开展德育工作经常采取的方式。我们往往忽视了德育“全方位”的特点，每个学科，每个教师，每个活动，校园里的一草一木都是可以进行德育的元素，德育不可独立进行也无法独立进行，学校必须树立“全方位”的德育观，以正面引导为主，根据新时代的形势和要求，建立切实可行的德育制度，培养全面发展的一代新人。举一通过活动实现德育功能的事例：根据教育部、国家体育总局、共青团中央《关于全面启动全国亿万学生阳光体育运动的通知》的文件精神，三板小学开展多种体育运动，在开展活动的过程中，学校组织有序、安排合理，全体学生参与，既增强了学生的体质，又因为有了正确的舆论导向和行为导向，学生在课余时间都积极参与有益身心的体育运动，大大减少了学生违纪的现象，学生体质增强了，上课精神状态好了，学习成绩也提高了。

三、教学管理思路与策略

《义务教育法》对义务教育质量有明确的要求，提出要面向全体学生，促进学生全面发展。教学是学校的主要工作，课堂是实施素质教育的主阵地，课堂上教师能否做到面向全体学生，促进学生全面发展，关键就看教学常规管理能不能落实到位。

在教学常规管理中普遍存在三个容易被忽视的问题：一是备课形式化；二是教师上下课不准时，上课迟到下课拖堂；三是教学模式陈旧，难以做到面向全体学生。

（一）备课形式化方面

目前，仍有部分教师备课过于形式化，为应付学校和上级部门检查，花大量时间去抄别人的教案，然后照搬进课堂，结果教案是详尽的，上课水平却不见提升。针对此现象，必须改革教师的备课方式方法。具体可分为三种：一是书本备课，即教师在教科书上备写教案；二是网络备课，即教师把教案上传到网络，实现资源共享，互相参考；三是用专用教案本备课。在备课指导上，应倡导教学设计采用“软设计”，首先，变“教程细密”为“教程粗线条”，从实施呆板到实施灵活；其次，变“赶教案拖时间，赶学生钻圈套”为“留出时间临场处理，组织引导自主探究”；最后，变“掩盖矛盾”为“寻找矛盾”。在“软设计”式的教学课堂中，由于有了弹性时间做临场处理，教师才能组织引导自主探究，寻找矛盾，解决问题，学生的创造潜能才能得到发挥，这才是我们教学的最高境界。

备课是为了上好课。深入课堂听课是检查备课情况最好的方法。以往，学校检查教学常规时，以检查教师的教案为主，听课为辅，这种避重就轻的做法是不可取的。应以听课为主，检查教师的教案为辅。为了促进教师教学水平的全面提升，所有学科的均衡发展，学校必须制订周全的听课计划：一是学校领导分头全面深入各学科听课；二是各学科科组长至少要将本组所有任课教师的课听一遍；三是年级组长至少要听一遍本年级所有任课教师的课；四是班主任至少要听一遍本班所有任课教师的课。

（二）上下课不准时方面

除了备课、上课，还要求教师做到按时上课、下课，课上不做与课程无关的事情，确保专课专上，这是学校在教学管理中最容易忽视也比较难控制的一点。因此，学校要有行之有效的管理制度，确保学生在 40 分钟的课堂里接受该学科的学习，从而切实提高学业成绩。

（三）教学模式陈旧方面

新课程改革以来，广大教育工作者已经逐步树立了有效教学的理念，也试图构建一种有效教学的框架。但随着教育教学改革的不断深入，教学模式的问题日益凸现，“独白式”教学仍是一部分课堂教学的主流模式，课堂教学缺少师生对话和互动，教师在课堂上难以做到面向全体学生。如何面向全体学生，提高课堂教学的有效性，让课堂焕发出生命的活力，让教师的生命在课堂教学中得到激扬，让学生的生命在课堂教学中得到激扬，这既是令人困惑的现实问题，又是重要的理论难题。因此，我们要努力建设开放而有活力的课堂，就必须大胆改革，创新课堂教学模式，关注学生的个体差异及他们的学习需求，保持学生的好奇心、求知欲，充分激发学生的主动意识和进取精神，倡导自主、合作、探究的学习方式，让“面向全体，因材施教”的教育思想得到贯彻落实。教师在课堂教学中要充分考虑到学生的差异性，综合考虑每个学生的智力、非智力等因素，运用科学的方法，把全班学生分为短期性的（即处于变化发展状态而短期内又相对稳定的）上、中、下三个层次，并依据群体学生的差异，分组合作学习；区别对待地制订分层教学目标、设计分层教案、采取分层教学方法、进行分层评价，并有针对性地加强对不同层次学生的学习指导，通过师生合作、生生合作、生教生、生练生等课堂组织形式，让全体学生有机会参与课堂，有勇气面对困难，有能力解决问题；在享受成功的愉悦情绪中唤起自主学习的意识，激发探究学习的欲望，极大限度地发掘学生的生命潜能，促进学生全面、和谐、自由地发展。

只有依法治校，才能管理规范，才能提高绩效。《义务教育法》是学校规范化管理的立根之本，学校管理要规范化就必须用法律导航，沿着依法治校的道路，方能促进学校各项工作的顺利开展。

如何培养学生自批互改作文的能力

一、培养学生自批互改作文能力的必要性

作为小学阶段中高年级的语文教师，没有不为一次“精批细改”四五十篇作文而感到苦恼的。叶圣陶先生曾算过这样一笔账，四五十篇作文全都给“精批细改”要花多少时间和精力，教师办得到吗？即使办得到，把作文本发还学生就完事了吗？假如学生不完全理解你的用意，岂不就是白费力气？那就还得给四五十个学生说明为什么这么改，这又要花多少时间和精力，教师办得到吗？即使办得到，可是学生听了教师的这一回说明，知道了该这样写不该那样写，未必就能真正提高写作能力，因而下一回作文又那样写了，那岂不是照旧要给他“精批细改”，再来个循环？再说，任何能力的锻炼总是越频繁越好，而教师的时间和精力有限；因而中小学的作文课每学期不过五六次，有些学校有大作文和小作文课，加起来也不过十次光景。就学生作文能力的锻炼来说，实在太少了；就教师改作文的辛劳来说，实在太重了。尽管费心费力，但总收不到实效。叶圣陶先生说出了语文教师的心里话。教师若整天埋在作业堆中（主要是作文批改），自然就很少投入精力钻研教材。正如叶圣陶先生说的：“语文教师的责任并不是专为学生讲书和批改作文。尽到责任还要推进一步，讲书要达到不需要讲，学生自己能够读书；批改作文要达到不需要批改，学生自己能够认真下笔，完稿之后又能够斟酌修改。”

二、如何培养学生自批互改作文的能力

只有在自批互改过程中踏实、有序地做好每一步，学生的作文水平才能提高。

（一）教师引路

要培养学生自批互改作文的能力，教师必须为学生引出一条可循的路子。这就要求教师在新学年的上学期进行作文指导，尤其在作文批改与讲评时要精心、得法。首先，尽快使学生从教师批改的自己的作文中感受到教师严谨的工作作风，教师要培养学生认真批改作文的态度，就要通过自己为学生树立一个良好的榜样。其次，要让学生熟悉教师批改作文的方法，教师作为示范，就应该精心设计使学生逐渐能辨别哪里写得不合适、不妥当，逐渐能够清楚怎样构思、如何下笔才能写出优秀满意的作文。最后，还应使学生消除那种批改作文是教师的本职工作的传统认识，并激发学生主动学习的兴趣。

（二）方法指导

在指导学生修改作文之前，首先要通过生动的事例使学生明白：一篇好的文章，总是要反复构思、反复修改的。凡是文章写得好的人，大都会在修改上下功夫。其次，师生经常共同批改较为典型的作文（或宣读或投影或抄出），好、中、差三个层次的作文都要有针对性地批改。师生共同批改往往是“茶馆式”的，学生可以对文章的优点、缺点畅所欲言，但教师一定要从这篇文章的立意、内容、形式、结构、语言等方面做引导，既有放又有收，引导他们去发现问题，因为发现问题是修改作文的前提，并有计划地将批语写在黑板上。无论是评论，还是板书，都要使学生有规律可循。最后，大家共同做出决定，给出一个适当的分数。在这一过程中，还要逐步让学生认识教师批改作文时，用的所有符号的意义，以及眉批、总批的用意等。通过师生这样反复共同批改，学生，特别是那些写作基础比较好的学生自然而然地会从模糊到熟悉，进而逐步掌握一般的批改方法。

（三）培养典型

每个班里总有几个写作能力较强的学生，相对来说，培养这些学生自批互改的能力要容易得多，可以将他们作为典型，让他们做“小教师”，使他们自批互改的能力先提高一步，为逐步扩大自批互改队伍铺好路子。训练初期，教师通过实例，多次面批，重点指导，让这些“小教师”先熟练地掌握自批互改的一般方法，熟练地运用各种批改符号，比较准确地写出批语，为其他学生树立榜样，激发并增强其他学生自批互改的欲望和信心。这是由点到面，逐步培养学生自批互改能力的重要环节。

（四）小组批阅

组建一支积极主动、严肃认真、一丝不苟的“小教师”队伍，再由他们去组织小组，在作文评改课上，按照教师要求的步骤，一步一步集体批改本组或别组的作文。在这期间，教师要在各小组巡视，随时做“小教师”的助手、顾问。教师及时的调节、指导，既能使小组评改所给的成绩较为公平合理，又能促使“小教师”的组织工作顺利进行。经过几次这样的训练后，逐渐扩大“小教师”队伍，每个小组人数逐渐减少，由最初的七八个同学一组变为四人一组，再到两人一组。这样，小组的个数就越来越多，有能力批改作文的学生人数也不断地增加。

（五）全面放手

叶圣陶先生曾说：“给学生批改，目的在使他们达到自己能够批改的地步，自己能够批改了，无论写什么就比较稳当了。拟个比方，这情形有点儿像小孩走路，一面要留心扶着他，一面要准备放手，先是放一点，到最后完全放手。”这一比方，形象地概括了教师培养学生自批互改作文能力的全过程。经过有步骤、多层次的训练之后，教师可对学生全面放手，一人一篇地去批改。当然，班里会存在个别实在跟不上的学生，这需要安排他们长时间地坐在一位批改能力较强的同学旁边，或者让他们反复琢磨已批改好的文章。至于批语，笔者认为在小学阶段，教师针对每次作文，都应该在批改课上，对照写作前的指导要求，板书一个有针对性的“框架”，供学生参考。一般来说，应先让学生掌握一个批语的“基本框架”，即“内容、中心、结构、条理、详略、语句、用词、病句、错字、标点”，这个“框架”可随着学生批改能力的提高而逐步简化，有时也可略去，彻底放手让学生自己去批改，去写批语。

当然，不同类型的作文应有不同的批语，“批语框架”也应有针对性。例如，在指导学生批改《太阳花》一文时，除了“基本框架”外，笔者还加上了以下三条：①是否采用总分总结构形式；②是否细致地描写了太阳花的茎、叶的特点；③是否表达了喜爱太阳花的思想感情。经过一段时间的训练，学生既掌握了一般规则，又懂得了个别区分，逐步熟练起来。

（六）批前改后

学生每写一篇作文，应要求他们至少自批自改一至二次，可在他人批改前，也可在他人批改后，抑或在他人批改前后各自批自改一次。尽管他人批改前的自批自改，学生往往发现不了问题，找不出毛病，但久而久之会使学生养成严格要求自己的习惯；他人批改后的自批自改，会培养学生虚心接受别人意见的良好品质，而这些也正是促进学生提高写作与批改水平的必要因素。同时，可以让学生有感情地朗读自己的作文，边读边听边改。反复读几次就会听出那些绕嘴的句子，不对劲儿的词语，这样，学生批改起来才不至于盲目动笔。

三、 培养学生自批互改作文能力的效果

培养学生自批互改作文能力，不仅能让学生缩短作文批改的时间（每次一节课），增加批改作文的数量，而且能促进学生互相交流，取长补短，形成良好的学风，激发他们写作的兴趣，培养他们的思维能力，促使学生逐步掌握写作规律，提高写作能力和综合修改能力，使其语文素养不断得到提升。

“大语文教学观”下的语文教育

语文学科是基础教育课程体系中的一门重点教学科目，其教学的内容是语言文化，运行的形式也是语言文化。语文是一门重要的人文学科，也是人们相互交流思想的工具，具有工具性与人文性统一的特点。“语文”一词产生于19世纪末，1887年张之洞首用，但作为中国通用语言文字运用课程名称的时间较晚。它从清政府开办新学堂时期只传授历代古文的“国文”，发展到五四运动后具有口语、白话文特点的“国语”，再到20世纪30年代后期，叶圣陶、夏丏尊联名提出了“语文”的概念，并尝试编写了新的语文教材，可惜因为战争被迫中止；直到中华人民共和国成立后，叶圣陶再次提出将“国语”和“国文”合二为一，改称“语文”，这一提议被政府采纳并向全国推广。

语文是语言文字、语言文学、语言文化的简称。语言是沟通和交流信息的工具，包括口头语言和书面语言。口头语言较随意，直接易懂；而书面语言讲究准确和语法。简单来说，口头语言是书面语言的生活化，书面语言是口头语言的文字化。一方面，日常的情绪、情感沉淀积累，大事小情的不断发生都需要被记录，于是日常使用的口头语言自然就转化成了书面语言。例如，屈原为了抒发一腔郁闷写出了《离骚》，王勃因为眼前美景留下了《滕王阁序》，曹雪芹感慨中国封建社会的没落完成了《红楼梦》。另一方面，书面语言记载的真理经验、描写的事件美景用来指导、回归人们的生活，于

是它自然又转化成了口头语言。例如，《本草纲目》指导后人治病养生；《天工开物》记载了宝贵的科学技术经验；孔孟文章、老庄哲学教会人们心存仁爱，胸怀天下。可见，生活与语文的联系千丝万缕，不可分割。这大概也就是古人常说的不仅要“读万卷书”，还要“行万里路”的原因了。

从书刊、影视、新媒体，到说话聊天、遣词造句，无不与语文有着或多或少的联系。而这些，其实就是语文最初的、最朴素的资源，最基础的营养液，让我们时时都有汲取营养、学习语文的机会。这就像一滴水融进生活的大海，时时泽被，浑然天成。陶行知先生曾提出：“教育必须是生活的，一切教学必须通过生活才有效。”作为语文教师，不仅要针对书本上的知识对学生传道、授业、解惑，还要将学生从书本中解放出来，让他们回归生活，让他们去感受如牛毛似细针的春雨，去观察植物妈妈让孩子们生根发芽的办法，去体会书上写的松鼠和小熊之间折纸船、放风筝所传达的真切友谊。因此，只有把语文课本、语文课堂与现实生活结合起来，才能让学生感受到文本铅字在生活中的温度，才能让语文成为学生乐于参与的生活过程。正所谓“纸上得来终觉浅，绝知此事要躬行”。如何将语文课本、语文课堂与现实生活融合在一起，让语文生活化，下面笔者结合实践经验简单谈一下自己的拙见。

一、人物关系生活化

这里的人物关系不仅包括师生关系，还包括生生关系。

师生关系是各种人际关系的一种，其特点有三：尊师爱生，民主平等，教学相长。如果说“教学相长”是师生关系建立和维护所要达到的最后目标，那么“民主平等”就是师生关系维持的绳墨和基础，而“尊师爱生”则是师生关系存在的基本前提。其中，“尊师”与“爱生”是相辅相成的，教师热爱学生，学生就会从教师那里感受到爱，然后对教师产生亲近感，从而生发出喜爱和尊敬之情。笔者认为，其实教师的魅力不在于多么学富五车、才高八斗，而在于他们能否融入学生中，能否与学生一起学习、一起成长。因为学生们所渴望的不仅仅是教师正襟危坐，充满威严地教授他们多少知识、教会他们多少技能，更多的是希望得到教师的关注和关爱。在德、智、体、美、劳五育中，智、体、劳都可以通过训练和教学科目去培养，但德、美却更多地需要教师用自身爱的光辉去感染和浸润学生，让学生在爱中培养德，在爱中培养美。如果师不爱生，生不尊师，那又何来春风化雨，润物无声？如此可见，良好的师生关系，对学生的心理、生理健康成长都是重要的，并发挥强大的推动作用。

要想师生关系融洽，最自然的方法便是将这种关系生活化。俗话说“父母是孩子的第一任教师”，其实反过来也可以说，“教师是孩子的第二个父母”。师爱是除了亲情外，最无私的情感。这种师生间无私的爱类似父爱母爱。在班级中，将师生关系设定为“父母与子女”的生活化关系，并用心去呵护、关注学生，学生也就自然地亲近、喜欢自己的教师，并喜欢相应的学科。经过多年的观察，笔者发现，这种生活化的关系能让学生对学科的紧张心理有所缓解，并发挥学习主动性，愿意积极主动地参与课堂。学生觉得教师给予的这种家人一样的温暖，能让他们感受到被关爱、被尊重、被关心。师生关系也会从严肃、对立转变成活泼、融洽。学生对教师既敬又爱，学习兴趣被激发，对学习、学科、学校的认知也变得更加全面。

生生关系，也是一种有趣的关系。笔者曾看过一个问卷调查及相关结果（此处摘录其中一段），“在问卷调查中，我们设置了‘请用一个词或一句话形容一下你与全班同学的整体关系’这样一个问题。大部分同学的回答如下：‘友好相处’‘纯真友谊’‘你尊重我，我尊重你’‘还可以’‘一般’。真正说‘亲密’‘无话不谈’‘融洽’等字眼的寥寥无几。同时也有个别同学运用了诸如‘冰’‘你走你的阳关道，我走我的独木桥’等。”从这个调查结果不难看出，虽然同在一个班级中，但学生们不一定就真的能紧密团结，甚至以“小团体”式抱团。虽然这是可以理解的，毕竟大家的性格、喜好都不同；但作为教师，在鼓励学生发展个性的同时，还要教会他们与人相处，尤其是与自己性格、志趣不同，甚至完全相悖的人友好相处，不针对、不孤立，树立集体意识和形成集体荣誉感，为他们以后步入社会打好基础，不因为锋芒太盛而显得与大环境和主流格格不入。

在日常教学中，笔者针对孩子们活泼、爱玩、充满好奇心的天性，将他们分成若干小组，让他们从父母、子女、兄弟姐妹、亲朋好友中选择自己喜欢的角色。在学习、劳动、游戏中，模拟“家庭”里的“长辈”与“晚辈”互帮互助、互相关爱，邻里之间宽容理解、友爱和睦。家庭观念、待人之道自然而然地融入孩子们的心里，中华民族的传统美德也水到渠成地得到传承。同时，这样的“游戏”还减轻了他们的学习压力，这对孩子们的“做人”“作文”都有极大的帮助。

二、课堂教学生活化

新课标注重学生思维、情感、行动的整合，并特别强调学生与生活的联系。语文学习其实就是把在生活中接触到的母语科学化、系统化、理论化，因此，为了学好语文、用好语文，语文学习应该放到生活实践中。语文的四大基本要求为“听”“说”“读”“写”，其实动手“做”也不可忽视，这就像不能因为“不洁净、会杀生”，就“君子远庖厨”，甚至“十指不沾阳春水”，这不仅会让人“五谷不分”，更体会不到烹制美食的乐趣。所以在语文学习上，让学生投入生活、参与生活显得很重要。针对这个问题，我们可以从以下几方面着手。

第一，让教学环境生活化。这里的教学环境主要是指教室。教室是学生在学校的“家”。学校虽然有众多教室，但学生只有回到自己所在班级才会有归属感，这就是“教室”和“家”的共同点。所以，不仅要让教室有学习氛围和知识气息，还要让教室充满“家”的温馨。笔者曾在小学低、中、高年级设立过三个试点班，要求教师带着学生们以“家”为主题，发挥创意布置教室。经过大家的改造，这三间教室从值日表到黑板报，从“卫生角”到“花草园”，无不洋溢着浓浓的生活气息和天真童趣。中年级的试点班甚至还设置了一个折叠躺椅，只有在课堂上表现好或有进步的同学才能有躺上去休息的“殊荣”。这三个试点班让其他班级的学生羡慕不已，笔者也从中得到灵感，不仅把班级这样的“小教学环境”生活化，还把校园这样的“大教学环境”生活化。在这样的宽松温暖的氛围中，学生们更加乐学，并能轻松表达，愉快交流，比之在传统课堂环境中学习不知要快乐多少倍。

第二，让教学方法生活化。语文教材中的内容有些是为学生熟知的，有些则是接触较少或根本没有接触过的。作为教师，就应该注意将教材与学生原有的日常生活、社会经验结合，引导学生回顾生活，体验生活，运用生活。正所谓“艺术源于生活，而高于生活”。从古至今，多少美好动人的诗词文字都是在生活中妙手偶得，有感而发。如果今天我们学习这些词句时不能将其放回生活中感受，那么就没办法体会其中的妙处。人教版语文二年级上册“识字 1”一课中有不少优美的词句，例如，要让学生体会“层林尽染”的美丽，“天高云淡”的惬意，“瓜果飘香”的欣喜，仅仅靠背诵是绝对不够的。于是笔者组织学生走出教室，感受飒爽秋风，拍下动人照片，捡拾彩色落叶，写下心中感悟。如此，词语被具象化，课堂被生活化，秋景秋情、秋词秋句便顺理成章地被学生们收入心中。

三、课外实践生活化

语文课外实践是指学生在课堂之外所进行的各种听、说、读、写的具体实践活动，它是小学语文教学的重要组成部分。然而到现在，还有部分教师只注重课堂上的教学质量，不重视语文课外实践活动的开展，这就造成了教学过程的封闭化。课堂上教授的是与现实生活脱节的、冷冰冰的理论知识，学生麻木接受，缺乏思维的深刻性和灵活性，不利于学生积极性、自信心的培养和“三观”的树立。

笔者曾看到这样一句话：“戴着面具的、其人格分裂成为两个互不接触的世界的人——在一个世界里，儿童像一个脱离现实的傀儡一样，从事学习；而在另一个世界里，他通过某种违背教育的活动来获得自我满足。”由此可见，教育教学不可脱离实践与生活。在一次以“感恩父母”为主题的课外实践活动中，为了让孩子们体会父母呵护儿女的小心翼翼、细致入微，笔者让学生们想办法保护一个生鸡蛋，要求是一天内鸡蛋必须完好无损。一旦鸡蛋破裂便算违规，得退出评比活动。学生们都开动脑筋，用各种办法来保护鸡蛋，时常查看。放学排队时，还刻意保持同学之间的距离，唯恐鸡蛋有所损伤。一天下来，大部分学生成功了，个别失败的学生也很沮丧。有一位女生在最后关头把鸡蛋弄碎了，功亏一篑，她伤心地哭了。通过这个活动，孩子们也逐渐意识到父母养育自己的不容易，纷纷表示，以后要更加爱自己的爸爸妈妈。

另外，笔者建议教师们可开展以实际应用为主的课外实践活动。例如，针对社会热点问题，走出校园、走向社会去做问卷调查、路访街采，小组合作把收集到的信息进行选择、加工、处理，并做最后的总结。虽然孩子们得出的调查报告可能很不专业，但这对提高他们分析问题、解决问题及与人交往交流的能力，都有极大的作用。

四、家庭作业生活化

在新课改环境下，学生的学习方式从以前的“被动”转变为现在的“主动”，教师在课堂内外的角色从传统教学的“一言堂堂主”转变为引导学生进行探究性学习的“牵引者”。作为课堂教学延续和补充的家庭作业，也变得更具灵活性和开放性。

家庭作业是学生巩固已学知识，进一步提高解决问题能力的手段，是养成良好学习习惯的一部分，并能培养学生个性，展现学生亮点。新课改前，不少学生表示家庭作业的压力大，更有甚者觉得反感，说“家庭作业简直就是压在身上的几座大山之一”。如何跟上新课改的脚步，改变观念，让家庭作业不再使学生觉得“压力山大”，还能达到促进学生全面发展的目的？笔者认为“适度、精要、灵活”是解决家庭作业问题的几大关键词。“适度”即根据学生年龄、心理特征斟酌作业量，让学生能愉快接受；“精要”即针对当天教学重难点布置作业，同类题型的作业不宜重复过多；“灵活”即形式灵活，不拘泥于作业形式，只要能提高学生各方面能力、关注思维过程、突出问题意识的都可以作为家庭作业。在将家庭作业生活化的过程中，尤以“灵活”最重要。

在许多学生及家长们眼中，家庭作业就是书面作业。然而语文教育发展至今，作业的概念及实质已远远超越书面性，不再那么单调乏味。既然能有

“大语文观”，为什么不能有“大作业观”呢？苏联教育家德廖莫夫指出：“电视对于儿童的生活，对他们智力和精神发展的意义是难以估计的。”现在，电视、电脑、平板电脑、手机等电器和电子产品均成了学生学习的新媒介，有选择性地让孩子观看电视节目、搜索网站内容，也可以成为生活化的家庭作业。

“问渠那得清如许，为有源头活水来。”生活就是语文的源头。作为教师，唯有引导学生以生活为师，亲近生活这个大课堂，才能充分调动学生的学习积极性，消除他们对语文学科的距离感，使其享受语文学习的乐趣，让课堂充满生活气息，真正做到学以致用。

阅读教学中“以读为本”的误区及对策

“以读为本”是指在阅读教学中“要让学生充分地读，在读中整体感知，在读中有所感悟，在读中培养语感，在读中受到情感的熏陶”。“以读为本”已成为语文教学的一个重要理念，一种基本方法，甚至是一种教学模式。然而，“以读为本”在阅读教学中普遍存在三大误区。

一、 阅读教学中的三大误区

（一）“读”无层次

在语文教学中，每一篇课文都会有“正确、流利、有感情地读课文”这一目标要求，仔细分析，我们不难发现这一目标要求是有层次性的。首先是“正确”地读课文。这一要求往往被教师忽视，学生在读课文时是否做到一字一词，是否注意轻声、儿化、平翘舌、前后鼻音等等，许多教师都没有给予重视，主要原因在于教师自己也没意识到“正确”地读课文这一目标要求的重要性。其次是“流利”地读课文。“流利”地读课文包括字音准确、停顿适当、不漏字不添字。如果“正确”地读课文没有做好，那么“流利”地读课文也就无法实现。最后是“有感情”地读课文。如果学生在读课文时字音不准确，断断续续，甚至反复回读，当然就不可能“有感情”了。

同时，“读”无层次还体现在阅读教学中颠倒了从“感知”到“感悟”这一规律。通常学一篇新课文时，我们总是先让学生通读一遍，对课文进行整体感知，然而也有不少教师一开始就巧设导语、创设情景，或出其不意地“直奔中心”等。当然，新课导入得好会使教学更灵活，更能发挥师生的创造性，提高阅读效益，但也有不少课前导入，不是从学生的实际情况出发。例如，课堂伊始，教师就问学生："你最喜欢本文中的哪一段？为什么？"试想，学生还没有对课文进行充分的阅读和整体感知，何来的感悟呢。

（二）"读"无目的

在"以读为本"的阅读教学中，教师应该引导学生思考以下两个问题：一是你读懂了什么？二是你为什么要这样读？

阅读既要重视对文章中信息的吸收、内容的理解，还要内化所读文本材料的语言表达形式。在阅读教学中，教师没有引导学生有意识地将课文与自己的生活经验、阅读经验联系起来，学生发现不了问题，那么读书所得、所悟就非常有限，就无法达到"在阅读实践中逐步学会独立思考，学会读书"的目的。新课标强调要尊重学生对文本的独特体验，但有些教师在阅读教学中往往只是根据自己对课文的感悟，精心辅导学生"应该怎样读好课文"，而很少为学生搭建交流的平台，让学生交流讨论，发表个人见解。因此，学生尽管读得很有"感情"，也只是模仿教师的表情、动作、语调而已，却不知道自己读懂了什么，为什么要这样读。

（三）"读"无方法

"读"无方法具体表现在两个方面：一是当学生读完一段话后，教师会说"你读得很有感情""你读得没有感情"，有时教师让学生评价时，学生也只是说"他读得很有感情" "他读得没有感情"。其实，这样的评价太"虚"了点。学生知道这样读或那样读就是有感情，至于为什么要这样读却弄不清，原因是教师没有引导学生理解文本，走进文本。二是有些教师为了让课堂充满琅琅的读书声，一味地要求学生放开喉咙大声地读，似乎只有这样才能体现课堂的活跃气氛。这样的读书要求和方法是不科学。

二、阅读教学中的三大策略

针对上述三大误区，笔者提出三个对策。

（一）课前预习，出声阅读

阅读的方法很多，常见的有朗读、默读、速读、浏览读等。在学生刚接触课文时，一定要引导学生出声阅读，即朗读。在平时的教学中，笔者发现，如果学生在刚接触课文时采用默读、速读、浏览读等方法，那么在检查时往往会出现读得不正确、不流利的情况，这是因为小学生的认知能力、语言连贯性较低。因此，教师必须指导学生进行课前预习，而预习时关键的一步就是出声阅读，一字一词一句皆认真地读，注意轻声、儿化、平翘舌、前后鼻音，做到字音准确，停顿适当，不漏字不添字。正所谓“读书百遍，其义自见”，在预习课文的时候，学生如果都能做到正确、流利地朗读课文，也就能更好地整体感知课文。

（二）尊重体验，联系实际

新课标强调，要尊重学生对文本的独特体验，培养学生独立阅读的能力，注重情感体验，有较丰富的积累，形成良好的语感，能初步理解、鉴赏文学作品，受到高尚情操与趣味的熏陶，发展个性，丰富自己的精神世界。因此，教师在教学中一定要尊重学生的体验，联系学生的生活实际。下面这个教学案例就很好地体现了这一点：

师：今天，我们要学习古诗，同学们还记得我们以前学过的古诗吗？哪位同学背诵一下？

生1：《春晓》。春眠不觉晓，处处闻啼鸟。夜来风雨声，花落知多少。

（发音准确，吐字清晰）

师（高兴地说）：上次课，有位同学也背诵了《春晓》，可惜的是还没背完，下面就有了呼噜声啦。但你不一样，你背得真有精神气。其他同学背诵古诗时也要这样有精神气哟！

生2：《夏日绝句》。生当作人杰，死亦为鬼雄。至今思项羽，不肯过江东。

师：背得不错，可我怎么觉得你的腿有点儿抖呢？噢，是座位挤了点儿——不是怕——不用怕啊，该怕的人应是我呀。

（生齐笑，紧张之感顿减。又背了一遍）

师：看，你一点儿也不怕，满脸笑容的，多好！

生3：《游子吟》。慈母手中线，游子身上衣。临行密密缝，意恐迟迟归。谁言寸草心，报得三春晖。

（声调平缓）

师：你在背这首诗的时候，想到了谁？

生（不假思索地）：妈妈。

师：我没见过你妈妈，你能再背一遍，让人似乎能看到你的妈妈吗？

（生调整了一下情绪，又背了一遍，语调高低有起伏，末句也稍拖长……）

上述案例中，教师四两拨千斤，一句肯定，一个手势，一点儿幽默，一个与实际相联系的想象，学生就会意了，就会“读”了。

（三）技术指导，个性发展

新课标指出，“阅读是学生的个性化行为”，不应以教师的分析来代替学生的阅读实践，教师应“关注学生的个体差异”“尊重学生在学习过程中的独特体验”，提倡鼓励学生“多角度、有创意地阅读”。因此，朗读离不开一定的技术指导。

在全国第五届青年教师阅读教学观摩活动中，江苏省强洪权教师执教《船长》一文，在指导学生朗读时就很有技巧。学生在朗读船马上就要沉没，船长指挥船上乱作一团的人们脱离危险的一段时，学生读得较慢，没有读出当时的情况之危急，船长说话之斩钉截铁。针对此问题，强教师说：“不够了，同学们，照这样读下去，时间不够了。”就这样一句短短的点拨语，学生立刻明白了该怎样读，也体会到了当时情况万分危急及船长的果断和沉稳。

朗读中的“有感情”绝不仅仅是靠对文字本身的技术处理就能解决的。特级教师窦桂梅曾说过：“他读得是不是有感情，人是不是进入这味儿，就看他那眼睛，那眼睛在发光，成了！要不，两眼无神，他读得声音再响，嗓门儿再粗，也是白搭!”窦桂梅教师在执教《圆明园的毁灭》一文，指导学生朗读句子“圆明园的毁灭是中国文化史上不可估量的损失，也是世界文化史上不可估量的损失”时，其指导就非常巧妙。她在学生齐读后，要求学生变读为讲述的语气并给予示范，进一步引导学生“读”好该句子：如果你告诉的对象是孩子你怎么说？如果你大声地告诉全世界你怎么说？你告诉的是父母又怎么说？……可以看出，窦教师的朗读指导完全摒弃了技术化的痕迹，着眼于发掘人物的内在心理，引导学生在跟不同的对象做跨越时空的对话后，进行恰当的个性化的朗读。

入情—动情—抒情

——小学语文阅读教学渗透情感教育三步骤

小学语文教科书中的文章大部分出自名家作品。这些作品，揭示了作家们的内心世界，同时，能引起学生情感上的共鸣，思想上的敬佩，在其高尚情操的陶冶中，培养良好的个人品德。

下面以人教版（1996 年版）小学语文第八册课文《古井》为例，谈谈在教学过程中如何通过入情—动情—抒情三个步骤渗透情感教育。

一、入情

在学生预习并初步感知课文内容的基础上，笔者首先以尽可能生动的范读，吸引学生走进这篇课文，激发学生读好这篇课文的兴趣，接着请学生模仿教师的语调初读课文，然后，笔者一边纠正错误发音，一边让学生理解字意。学生们在朗读中初步体会到了这口古井对村里人的重要性，人们就靠这口古井生存着，了解到村里有一对老人用水困难，村里人就帮助他们从古井打水，从而对文中古井“不仅为乡亲们提供着生命的泉水，还陶冶着乡亲们的品格”这样的句子有了一个初步理解。

在学生对作者所要表达的情感有一个初步感知的基础后，笔者随即采用了“读中再品味”进一步进入情境的方法，以各种形式赛读，学生们兴致勃勃地在一遍又一遍的朗读中，越读越有味，越读越入情。尽管《古井》是第二单元乃至全册书中较难理解的重点课文，但通过有兴致地反复朗读，学生对文中古井的高尚品格产生了一种赞美之情。当有学生读完整篇文章，却没有读错一个字时，全班同学都高兴得欢呼起来。从生疏到准确流利地朗读，学生们对这篇文章已基本上入了情，进入深入理解课文内容的状态。

二、动情

在读通、读好课文的基础上让学生动情地朗读，是让学生明确作者写作意图，达到教学目的最有效的方法。

教学《古井》第一段时，笔者抓住该段重点语句“古井像一位温情的母亲，用她的甜美的乳汁哺育着她的儿女”，在朗读中反复引导学生抓住“哺育”一词，体会古井与人的密切关系，同学们越读越动情，越能感受到该比喻句的优美，越能体会到人们像婴儿离不开妈妈的乳汁一样离不开古井中清凉可口的泉水，从而更加深刻地认识到村里的人们与这口古井密不可分的关系。

教学到第二段时，他们从“晨光熹微到暮色降临”看出古井从早到晚长时间地为人们提供泉水，从“络绎不绝”，从“走过”，从“桶儿叮叮当当，扁担吱悠吱悠，像一支支快乐的乡间小曲”，从“门前的路面湿漉漉的，老是像刚下过一场春雨”，体会到取水的人很多，从“快乐的乡间小曲”“像刚下过一场春雨”中，明显体会到作者通过语言文字流露出的对古井的赞美之情。就这样，同学们感受到古井这位温情“母亲”，从早到晚、一年四季源源不断地用自己清凉可口的“乳汁”哺育着村民们，使学生感到惊叹，体会到作者对古井的赞美之情。“古井给人们出了多少力气？可它从来没跟人们要过报酬”，古井虽只占巴掌大的地方，但它对人们无所求，却无私地向人们贡献自己的全部力量。这种精神，教育着人们，陶冶着人们的品格……到此，古井这位伟大的“母亲”以自己无私奉献的精神培养着平原上的儿女的形象得到了升华。通过学习《古井》，同学们明白了一个人应该怎样生活、怎样做人的道理。

三、抒情

第三课时，笔者着重检查上次课所留的课后作业——“寻找并以日记形式赞美生活中一种具有与古井相同的品格的事物”的完成情况。在日记中，学生们可以尽情地抒发自己的情感。有的学生赞美黑板：“像一扇知识的窗口，虽不算太大，却默默地为我们发挥着难以估量的作用。它送走了一批又一批的毕业生，为我们无私地奉献着自己的生命力量，却对我们无所求。它那可贵的精神触动了我的心，它启迪我应该怎样做人。”有的同学赞美泥土：“没有泥土，哪会有鲜花、小草、大树、庄稼？我愿做泥土，为人类的幸福，默默地奉献我的力量。”有的同学赞美新课桌：“它虽然浑身亮得发光，但从不炫耀自己，只是默默无闻地站在教室里，每天为我们服务，却对我们一无所求。我要做一个具有桌子精神的人。”还有同学分别赞美闹钟、小草、大树、小溪、粉笔、灯光、蜡烛……有的同学甚至在日记末尾写道：“人活着就是要为人类做贡献，不然活着又有什么意义呢？”看到同学们的日记，笔者真的很感激《古井》一文的作者老舍先生，通过一篇短小的文章，点燃了同学们美好心灵的火花，激发了同学们高尚的情怀，启迪同学们思考做人的道理，而这样美好的情感必然产生美好的行为。

语文阅读教学渗透情感教育，是一种高层次的教学艺术。教师必须充分发挥课文本身的情感和美感，并辅之以教师对课文的科学处理和动情朗读，讲解严密而又引人入胜的提问等，春风化雨，潜移默化，才能达到“渗透”这一目的。

语文课堂教学十要素

一、 课堂要“活水”，源头在生活

语言来源于生活，在生活中学语文，这是“大语文”教学观的需要。生活教育的理论是陶行知先生教育思想的主线和重要基石，他主张教育同实际生活相联系。的确，中国的教育太重书本，和生活少有联系。脱离生活的教育是没有灵魂的。在语文教学中，要渗透学生的生活，使语文教学返璞归真。同时生活又是学生学习的源泉，是课堂的延伸，是学生学以致用的实战演练场所。教学中，教师可以通过回顾生活、体验生活、运用生活、拓展生活来引导学生走向社会，走向生活。

例如，一节新课的导入，只有平易近人、真实质朴，才能走进学生心里，还语文以本色。常见的新课导入有三种类型：第一种是导入方式和内容贴近学生生活实际，营造了良好的氛围，使学生能很快进入教师架构的课堂中去。第二种是教师一上来就激情洋溢，但导入内容却是镜中花水中月，离孩子们的生活很远。有的教师上课时激情洋溢，下课时精神颓废；还有的教师上公开课时激情洋溢，平时上课则疾言厉色。第三种是教师备课时迷迷糊糊，上课时浑浑噩噩。作为教师，课堂就是我们生活的一部分，我们内心肯定也会有所感、所悟，把与课堂有关的感悟和孩子们讲一讲，与孩子们分享生活，教他们体会生活，这也是语文教学的真谛所在。

在生活化教学的大背景下，小学语文课堂教学也应该走向生活化，使学生真正地从情感上走进生活。在教学过程中，让学生感受到如临其境，愉快地、创造性地解读文本内容，真切地体会到作品语言文字所表达的情感，感受到学语文的乐趣。

二、 教学要创新，传统不能丢

“师者，所以传道受业解惑也。”教学是实实在在的事，来不得任何的弄虚作假。教师要在认真钻研教学大纲的基础上，切实做好阅读、口语交际和作文等专项研究，博采众长。

我国当代涌现出许多语文教育家，有很多都是值得我们学习的大师，如魏书生、钱梦龙、余漪等，都是在教学改革方面很有建树的专家，他们的教育思想值得我们学习，教学方法值得我们借鉴。然而很多教师在学习并借鉴他们的“创新”之处时，却并不成功，这是为什么呢？综观国内语文教育专家们的课堂，许多教学形式、教学方法都极具创意，然而细看就不难发现，无论形式或方法上如何新颖，最终都是为语文最根本的“听、说、读、写”服务。并且经过长期的教学实践，他们已经摸索出适合本校学生实际情况的一套方法。因此，我们在学习和借鉴时，不能做“看热闹”的外行，必须符合实际，在更新观念的同时，恰当地保留语文的传统和根本，做个“懂门道”的内行。

如果新手教师还不能很好地把握课堂，就要记住语文传统教学方法，例如，古诗教学，课堂上要读好，要背好，也要默好，甚至意思也要说到位。有些教师这四点都做到了，但全班学生是否都能完成就不清楚了。教师对学生的人文关怀，不仅要体现在学习成绩好的同学身上，更要在学困生身上得到体现。因此，我们创新的重点，更应该是针对学困生的创新。语文教学过程中，传统与创新始终相辅相成，既要灵活地继承，又要踏实地创新，让更多的人能学会的方法就叫创新。

三、板书要精简，形式美中求

教学过程中，板书不仅能灵活地连通教学思路，有效地提高学生的学习效率，而且还能陶冶学生的情操，提高他们在书法、绘画等方面的综合素养，以达到提高课堂教学效率这一目的。可以说板书是一门“实用美学”，既要“中用”也要“中看”，要能生动地体现教师对教材的深刻理解和巧妙处理，显示出教师的教学思想和教学风格。总体来说，板书应以鲜明醒目、重点突出、条理清晰、言简意赅、活泼多样为好。

从板书的形式上讲，要能激发学生兴趣，富有启发性。形式要优美，要遵循图示结构的美学原理，能引起学生的注意，要容易被接受。板书的形式是指板书的布局结构，它是为文章内容服务的。要排列有序，条理清楚，无论是纵式还是横式，都要体例一致、整齐美观。形式的美能吸引学生的注意力，产生对板书内容深入学习研究的兴趣，这样才能以“中看”促进“中用”。形式美主要指文字美、结构美、线条符号美、色彩美、图示美。

语文教师在板书时一定要注意“写大”“写细”。“写大”是指板书要写大字，并把字写大气；“写细”是指板书要写细致，要写得慢且清晰。教师在黑板上一笔一画地写，对学生来说其实就是一种学习。

语文教师平时要注意训练，要长期以教学导入语等形式促使自己写板书："孩子们，开始板书，认真看，一起来，慢慢写……"遇到难写的字要进行恰当的讲解。同时要注意板书的内容不能太多，把能够体现思维、条理、重点的词写出来就可以了。

板书是一种美的熏陶，一种潜移默化。教师能写一手好板书，对孩子们来说是幸运的。如果教师的字不够漂亮也不要紧，端庄稳重就行。尤其是年轻教师一定要下功夫练字，课堂板书尤其重要，因为板书的每一笔都是在练字。

四、课堂要效率，时间得合理

新课改改的是课堂教学，而课堂教学的核心是教学质量。教学质量要有提升，则完全取决于教学效率。那什么是教学效率呢？教学效率是指单位时间里课堂教学的效果，它不但是预期教学目标实现程度的综合反映，而且是评价教学优劣的重要指标和整个教学过程运作状态是否良好的重要标志。所以无论课程改革的途径有多少，最终要达到的目的就是提高教学效率。

合理安排课堂时间是提高课堂效率的基础。珍惜时间不是教师急不可待地把课堂内容讲完，而是要充分发挥学生的自主性，实现课堂教学中"主角"与"配角"的转变，让学生成为课堂的主角。也就是说要缩减教师"表演"的时间，多给学生时间思考，多给机会让不同层次的学生表现，只有这样才能让学生主动探索，才能跨越模仿，提高效率，发挥个性。同时教师在教学过程中应始终坚持以学生为主，全方位、多渠道地为学生创造条件，营造氛围，充分调动学生的积极性、主动性，激发学生的想象力、创造力，发展学生的发散思维，努力使课堂充满活力，让学生进入乐学的境界，切实提高课堂教学效率。

课堂的每一分钟都很重要，都应该好好珍惜。不要为了突出自以为的亮点而花费大量的时间。创新应该是教学艺术的创新，而不是教学任务的创新，作为教师必须引导、帮助学生们完成学习任务，有些非重点内容不需要讲解得太详细，一句带过即可。例如，介绍李白和孟浩然的关系时，只需要讲："他们是一对好朋友，他们之间有个故事，这个故事在网上可以查到，这是我们今天的课后作业，大家去网上查一查。"把时间都用在完成主要任务上，这样的课堂才是优化的、完整的。

五、学生要提高，留白是关键

对一名教师而言，能不能教好学生，根本在课堂。只要充分利用课堂时间，就能让自己的教学效果显现出来，就能使自己慢慢步入优秀教师的行列。要想搭建好课堂 40 分钟的架构，除了平时要多钻研教材，多琢磨课文内容，用心备课外，还有一点也非常重要，就是要在课堂上留白。

何谓留白？留白指书画艺术创作中为使整幅作品的画面、章法更为协调精美，而有意留下相应的空白，即留有想象的空间。虽然，此处说的留白与书画中的留白不同，但意思相同。例如，古诗教学在导入时教师可以讲一首自己喜欢的诗，然后出示幻灯片，告诉学生此类型诗词还有很多，让他们课后去找，每人找三首，这就是留白。课堂上，既要完成教学任务，又要带动学生的课外阅读，这时候留白的作用便尤为突出。

在课堂上留白，就是要注意上课时不能满堂灌，要给学生一些时间，让学生去思考、去消化，绝不能一个人讲到下课，结果教师讲得辛苦至极，学生听得昏昏欲睡。实际上，这类教师的教学方法已经完全落后于时代，他们没有考虑学生的实际，没有参照学生的接受能力，只是一味地追求知识面的全与多。殊不知，这样一来知识是全面了，可是学生并没有接受，学生会感到上这样的课太累了，没有时间去思考，自然不可能完全理解与掌握所学的知识。曾有专家指出，尽量让学生将课堂上所学的知识当堂消化，以免增加学生负担与学习难度。

六、 个体要关注，因材来施教

苏霍姆林斯基曾说：“教育者要去发现每一位学生的禀赋、兴趣、爱好和特长，为他们的表现和发展提供充分的条件和正确的引导。”的确，学生的个体差异是客观存在的，每个学生都有独特的个性和特长，都潜藏着许多“闪光点”，同时也存在各自的薄弱点。作为教师，我们应了解学生的个体差异，在课堂教学中既要培养优等生又要照顾中等生，更要注意学困生的转化。所以，在教学过程中要因材施教，实行分层次教学，加强个别辅导，设计不同层次的问题，尽可能给各类学生提供获得成功的机会。让优等生解决富有挑战性的问题，使他们的智力得到充分的发展；在同步讲授时提问中等生，利用他们认识上的不完善，把问题展开，进行探究；对于学困生则要经常让他们回答力所能及的问题，多给他们成功的机会，增强自信心。

七、 翻转要有效，内涵先厘清

透过教学变革的历史，我们发现坚守“老路”已不符合现代课堂的要求。当前，翻转课堂在我国的兴起已经成为不争的事实，值得每一位教师重视。

现在的不少课堂都是教师设计好步骤，有学生回应就算过关，但其实那些主动回应教师的学生并不都是教师教的，或者说都是不需要教师教的。要带动课堂氛围，教师就提问题，让那些成绩好的学生去带动全班学生。然而现在需要我们思考的问题是“翻转课堂”如何把大量的时间花在学困生身上。“翻转课堂”的理念最初来自一位美国人，他为了教一名离他家很远的孩子，做了一个微视频课程，做好之后通过社交软件发给那个孩子，让他在家用电脑学习。但现在很多教师理解错了，以为要实现“翻转课程”就必须使用电子设备，有的教师甚至说：“我们这些农村学校什么时候才能实现‘翻转课堂’呢?”其实这个“翻转课堂”有两层意思，一是借助现代化的电子设备，二是更新教学观点和做法。例如，古诗的讲读，教师让学生背诵，同一个班的学生存在个体差异，掌握程度自然参差不齐。有些教师可能会心急，甚至在课堂上责骂学生，但这样的效果肯定适得其反；而有的教师会让不会背诵的学生主动举手或站起来，然后带领他们读课题，一句一句来，再通过已经掌握的学生的帮忙，多给他们尝试的机会。这部分学困生能在课堂上得到如此关注，这对他们而言是莫大的鼓舞。这就是笔者认为的“翻转课堂”。

“翻转课堂”是对传统的“教师中心”“教室中心”“知识中心”进行颠覆，其教学优势是：教师给学生提供多种学习形式，如视频、教材、网上资源等；改变课上、课下的课堂观点，使学生的学成为课堂中心，对学生进行及时反馈，让学生学会对自己的学习负责；改变教师的角色，增加师生面对面交流的时间，让所有学生参与到课堂学习中。

笔者认为，翻转课堂对于促进学生自主学习，提升教学效率具有显著的作用。学生先进行独立学习，然后在教师的指导下自我组织探究性学习，将课堂构建成一个高度自主的学习环境，这正是翻转课堂要实现的目标。

八、教师要出彩，积累很重要

特级教师窦桂梅曾说：“一个小学语文老师，往简单里说，也就是教给孩子三件事：练一手好字，有一副好口才，写一篇漂亮文章。往复杂处说，一个孩子碰到一个好的语文老师，是一生的福气，甚至是几世修来的福气。”那么怎样做才能给孩子们带来福气呢？笔者认为，最重要的是提高自身的语文素养。语文素养无法天生修来，需要厚积薄发。作为语文教师不能只关注语文教材和教学参考书，需要多读书读报，同时电视上也有很多可以提高我们语文素养的节目。例如，中央电视台的《走遍中国》《舌尖上的中国》《远方的家》《中国档案》等等，这些都是非常好的节目，包括主持人的谈吐都有很多值得我们学习借鉴的地方。其实只要有意识地去关注，就会有收获和启发，如此日积月累，必然能让自己的语文素养变得深厚。所以我们既要“专”又要“杂”，社会、经济、生活、心理等方面的书都要读，不是要深入研究它，而是略读，这样知识储备就会增多，语文素养就会提高，就敢于在课堂上和孩子们沟通，并慢慢形成自己的风格。

我们作为一线教师，应加强学习、研究课堂、务实科研，全面提升自己的语文素养，只有这样，我们在教学中才能厚积薄发，旁征博引，学生也才能不断进步提升，最终实现教师和学生共同学习、共同成长的目的。

九、 生成要有道，进退须得宜

动态生成是现代课堂教学的显著特征。面对课堂生成，教师要在课堂教学中给自己一个非常明确的定位——“有所为有所不为”，做到进退有道。只有教师进退有道，才能使学生的主体性、能动性和创造性得到充分发挥，使教学呈现动态化，课堂才能焕发勃勃生机。我们的课堂从来不缺乏生成，也潜伏着有价值的生成，关键是教师在生成中的进退，要能尊重学生，学会倾听，随机应变，练就一双“慧眼”，及时捕捉一些生成性的教学资源，让它成为教育教学的契机，而不是夜空中一颗美丽的流星。正如“台上一分钟，台下十年功”一样，掌握好进退之道，生成这位“不速之客”就会给我们的语文课堂带来勃勃生机。

十、 教育要和谐，保持好心态

教师也是平凡人，在日常生活中，不可避免地会遇到各种不顺心的事，心态自然会受到影响。好心态是教师从事教学工作所必须具备的，是创造教学气氛的重要因素，是改善师生关系、拉近师生距离、提高教学效率的基石，也是实现校园和谐、师生和谐、教学和谐的基础。因此，教师一定要控制好心态。教师的待遇与个人境遇各有不同，无须攀比，课上得开心便可；杂事太多，不用心烦，一件件做好便可。如果改变不了环境，就学会适应环境；如果改变不了别人，就学会改变自己。同一件事，不同的人会有不同的看法，不同的看法会产生不同的情绪体验，幸福或痛苦，往往只在一念之间。

做好自我安慰，消除烦恼和苦闷，能改变自己的心态是一种福气。就连鲁迅笔下的阿 Q 也会精神胜利法，何况我们是胸有丘壑的教师。德国教育家第斯多惠曾说：“教学的艺术不在于传授本领，而在于激励、唤醒、鼓舞。”

笔者认为，这便是教育的慈悲为怀，语文课堂要关注全体学生，更要关注学困生，课堂教学要文道统一，把思想教育做得扎实，把慈悲、感恩的种子种下去。

小学语文教学中的生命教育

纵观生物进化史，人类是唯一从野蛮走向了文明的灵长类动物。人类之所以能有这样的转变，根本原因在于人类能够通过社会化教育不断地剔除自身的动物性从而升华自身的人性。放到今天，语文学科作为“社会化教育”的一个重要版块，无疑对“人性的升华”起着至关重要的作用。

新课标明确指出，语文是重要的交际工具，是人类文化的重要组成部分，工具性与人文性的统一是语文课程的基本特点。从中我们不难看出，语文具有两面性，一面是“工具性”，它传递知识、培养能力、注重运用和实践；另一面是“人文性”，它感染思想、熏陶情感、注重人性和生命。一个锻炼思维，一个塑造灵魂，二者合一才能完整体现“语文”的含义。回过头来放大了看，教育亦是如此。

不用多说，中国学生的应试能力在全世界是名列前茅的，教育的“工具性”体现得非常好，然而“人文性”方面，却不如人意。近几年来，国内频繁出现学生自伤或伤害他人事件、青少年自杀率不断上升，且呈现低龄化趋势，问题究竟出在哪里？很明显，“因为受年龄和认知的局限，孩子们无法自发认识和明了生命对于自身和他人的意义”。如果问题不全在孩子，那么教师和家长们就必须反思。

作为一名语文教师，我们懂得“工具性”的重要，但是我们也重视“人文性”了吗？我们在课堂上有没有做到对学生感染其思想、熏陶其情感、注重其人性和生命？我们是否真切地引导学生们认识生命、尊重生命、珍爱生命？

至此，我们的诸多反省与审视有了一个统一的指向——生命教育，刻不容缓。

一、生命教育的定义

要说生命教育，首先得了解它。在几千年前的中国，一直占据主流地位的儒家思想就提出了诸如“乐天知命”这类乐观积极面对生命与人生际遇的观点。公元前五世纪希腊城邦时代的智者普罗泰戈拉也提出“人是万物的尺度”这一以人为本、尊重生命的观点。然而这些观点还不能真正称为“生命教育”。直到 1968 年，美国学者杰·唐纳·华特士首次在其著作《生命教育》中提出“生命教育”这一命题并付诸实践，生命教育才算真正开始。

何为生命教育？从大的方面来说，它是指直面生命和人的生死问题的教育，其目标在于使人学会尊重生命、理解生命的意义及生命与天、人、物、我之间的关系，学会积极地生存、健康地生活与独立地发展，并通过彼此间对生命的呵护、记录、感恩和分享，获得心灵的和谐、事业的成功、生活的幸福，从而实现自我生命的最大价值。具体到学校生命教育，则是指教会学生接受与认识生命的意义，尊重与珍惜生命的价值，热爱与发展每个人独特的生命，并将自己的生命融入社会之中，使学生树立积极、健康、正确的生命观，学会珍惜生命、敬畏生命，培养其坚定的理想信念，使其以博大的胸怀和坚韧的毅力去实现个体生命的价值，为社会创造幸福。

二、生命教育的现状

生命教育这一命题一经提出，便在全球迅速开展，各国纷纷开展了生命教育专门课程及相关课程。经过几十年的探索和实践，取得了许多成果。杰·唐纳·华特士最先在美国加州创办了“阿南达村”学校，倡导并教授生命教育的思想，受到美国教育界的高度重视，甚至美国立法规定学校要进行一定时间的生命健康教育。随后，澳大利亚的悉尼成立了“生命教育中心”。这一机构发展到现在已成为联合国“非政府组织”成员，主要针对其国内酗酒和吸毒的预防问题，希望通过生命教育课程让国民清楚酗酒和吸毒的危害。

英国的生命健康教育则以性教育为主要内容，同时整合反毒品内容，教育青少年正视、预防艾滋病，远离药物与毒品。20 世纪 80 年代初，瑞典也开始了对儿童和青少年的生命教育。他们的教育更加真实化，教师会指导孩子们感受胎动，关注小动物的出生和成长，甚至到太平间观察已经逝去的人，从中教育儿童和青少年们生命的意义和宝贵。

而我国，开展生命教育的时间较晚，直到 20 世纪 90 年代才初见端倪。到 1997 年，叶澜先生提出“让课堂焕发出生命活力”的号召，这一命题才算在我国正式启动。其后，生命教育在刘慧博士、刘惊铎教授、吴甘霖先生等教育界学者的推动下，迅速在部分高校开展，在中小学、幼儿园课程中渗透，并真正受到了关注与重视。

三、小学语文教学渗透生命教育的必要性

如果祖国是座大花园，那么儿童与青少年就是一株株幼苗。他们的成长质量直接决定了这座花园以后是否能欣欣向荣、生机勃勃。因此，可以说他们的生命和成长，不仅仅是个人的，还关系到国家和民族的未来。而“辛勤的园丁”们，不但要教会他们生存的技能，还得教会他们生命的美好。众所周知，小学阶段是孩子身心发展的重要阶段。在它的众多学科中，语文学科对儿童及青少年建立正确的世界观、人生观、价值观和生命观所起到的作用是独特的。它的责任不仅是传递知识，还要传递生命的意义。然而我国的基础教育课程中尚没有生命教育这一门独立课程，因此，在小学语文的课里课外渗透生命教育就成了一个非常重要的方式。

印度诗人泰戈尔曾说：“教育的目的应当是向人传递生命的气息。”作为基础教育核心版块的语文教育尤其应该如此。小学语文，通过课程的设置及达标，教会孩子倾听、说话、作文、交际。但如果以为它的功能只有这些，那便大错特错。因为这四大项能力的背后，其实都是为了教会孩子“做人”。这个“做人”的内涵非常丰富，其中最主要的又非“关注生命，培养生命意识”莫属。“玉不琢，不成器；人不学，不知义”（《三字经》），孩子生而为璞玉，唯有经过雕琢才能成为美器；这美器又唯有沾染和灌注了生命的气息才会华泽温润，而不仅仅是一块冰冷的石头。语文学科的人文性决定了它必须“以人为本”，并通过它的工具性使孩子们在“心灵与心智、身体与精神的各个层面上逐渐进步，最终变成比较平衡、成熟、有效率、快乐、和谐的人”。因此在小学语文教学中渗透生命教育，十分有必要。

四、将生命教育照进小语教学

从教20多年来，笔者一直坚守小学语文教学第一线。虽然笔者是教师，但学生们有时也教会笔者许多东西，让笔者不得不去反思和关注。把生命教育照进小学语文教学，就如同把理想照进现实，它需要我们精心地、细心地、认真地、脚踏实地地去对待。

（一）文以载道，由文本中感悟生命

语文，按字面意思理解，就是语言和文字。作为一门课程，语文则蕴含着丰富的生命元素。它不只是传承知识和学问，还承载着蓬勃的生命，以及对这个宇宙中的生命的感悟。它虽是印刷在纸张上的文字，但字里行间却有

着张力和温度，渗透了思想情感。小学语文教师有必要发掘课文中有关生命教育的内容，不失时机地对学生进行教育，使他们在不经意间能够“怦然心动”，从而培养学生敬畏生命、关爱生命的情怀。

例如，人教版教材中的课文《爷爷和小树》用拟人的手法教会孩子们要爱护植物，《小熊住山洞》用童话的形式教会孩子们生命的和谐，《植物妈妈有办法》讲述了生命的传承与顽强，《浅水洼里的小鱼》讲述了每一个生命的宝贵，而《鸟的天堂》《给予树》《生命　生命》等文章无不是通过文字为孩子们展现了生命的蓬勃、鲜活与美好。

以下为笔者在《触摸春天》一课中，引导学生们从安静的心理角度感受生命的灵动。

师：请一位同学来读第四自然段。（生1读课文）停，这样读合适吗？发挥一下想象，抓蝴蝶的场面应该是怎样的呢？那么大声地走路，蝴蝶是不是都吓跑了呀？先想想再继续读。（生1按笔者的引导继续读课文，其他同学评价）

生2：本来他的声音是很大的，不能像女生那样柔软，可是现在已经有了改变……

师：好，（对读课文的生1说）请你来告诉他，为什么你会读得柔软呢？

生2：因为课文中的她抓蝴蝶的时候要很慢，慢慢地去抓。

师：对，如“蹬、蹬”跑去，蝴蝶全飞走了，对不对？所以我们读书一定要看情境来读，要去感受、去体会。好，你刚才读得太传神了，请坐。安静能抓住蝴蝶，真是个奇迹，她是怎么抓住的，你告诉大家。

生1：她是用她神奇的灵性抓住的。

师：灵性是什么意思？这个太难理解了，你来说。

生3：就是第六感。

师：第六感，那么神奇啊！

生4：就是留在心里的一种感觉。

师：她太想抓到这只蝴蝶了！她太热爱蝴蝶了，她太热爱大自然了，她太热爱生命了，所以她心中充满了什么？

生5：激情！

师：对，激情！

……

孩子们的心灵是纯真的，他们容易被充满真挚情感的东西感染。我们的教材，正是用图画和文字，将对于孩子而言笼统、模糊的“生命”概念形象化、具体化、实质化、细致化，借此让孩子们感知生命、热爱生命、尊重生命，并对生命抱以慈悲之心，从而通过善待其他生命来实现自我的生命价值。

（二）春风化雨，在课堂生成中关照生命

“因材施教”的观点自古有之，即使到现在也是不变的真理。如今，我们身处一个高速发展的时代，需要为现代化生产培养高质量的标准化人才。但人才可以“批量生产”，个性却不能走“标准化流程”。德国哲学家莱布尼茨说：“世界上没有两片完全相同的树叶”，人也一样。新课标认为：教学成功的关键在于教师从生命的高度，以动态、生成的观点看待课堂教学。这里所指的“生命”，笔者认为一方面是教材文本中所蕴含的生命元素，另一方面则是教学活动的重要参与者——学生。一个班级有几十名学生，每名学生都有独特的个性，而且他们每天都有着新的变化。这就需要教师正确对待个体差异，在教学过程中为他们提供自由想象、自主探究的空间，并通过正确的引导，激发其思维火花，激扬其生命活力，在课堂生成中关照生命。

记得有一年，笔者所带的班级里有一位害羞的孩子，在笔者多次鼓励后，她也渐渐敢于主动举手发言了，但声音总是不敢太大。以下的课堂实录片段，是一次公开课上笔者和她的对话：

师：刚刚大家说了很多，下面我们再找个没有发过言的同学，xx 同学，请面向大家，把“因为……所以……”说清楚。

生 1：因为她经常在花香中流连，所以她走得很流畅。（小声地）

师：你们能听到吗？

生 2：听不到。

师：××同学，能再大声一点吗？

生 1：我不敢。

师：来，拉着教师的手，说一次。

生 1：因为她经常在花香中流连，所以她走得很流畅。（声音提高了点，但还是很紧张）

师：对，今天我们就要展示我们的胆量。你刚刚读得很好，若再大声点，让后面听课的教师们也能听到，就更好了。

生 1：因为她经常在花香中流连，所以她走得很流畅。（大声地）

师：你今天进步很大，高兴吗？（生 1 笑着点点头）请坐。

看着这个学生因为紧张而有些发红的脸，笔者发自内心地替她高兴。那天她迈出了很重要的一步。每一个生命的成长和进步，都需要我们去关注。这一份关注不仅是关心他们的学习成绩、考试分数，还要看到他们的内心，塑造其人格，关照个体生命的存在需要和状态。教师的价值不仅在于他的教学水平有多高，更在于他能否调动学生的积极性。一个孩子，如果不能考出所谓及格的分数，那我们就尽量让他不要厌学；如果他实在不愿意学习，那

我们就教他向善。教育，应该从尊重生命开始，使人性向善，使人胸襟开阔，使人唤起内心深处美好的“善根”。

（三）潜移默化，于课堂外品味生命

之所以说“语文的外延即生活”，是因为语文绝不只是我们手中的课本。语文教育也并非简单的知识和认知的堆积，而是灵魂的教育。我们从文本中学到的东西最初都来源于生活中，最终也还是要回到生活中去。看到浩荡之水、满天晚霞，会想起“落霞与孤鹜齐飞，秋水共长天一色”；看到沧海桑田的变化，会想起“人生天地间，忽如远行客”；读“若似月轮终皎洁，不辞冰雪为卿热”，会为人间情分潸然动容；读“春有百花秋有月，夏有凉风冬有雪”，会为四季美景怦然心动……我们说“培养人该有的情怀，这是教育的目的”，那什么是情怀？这便是情怀。世间万物皆有灵性，我们把学生们带出课堂，让他们触摸树叶、嗅闻花香、抚摸小动物、光着脚踩在泥土上，当他们面对真实的自然万物时，能福至心灵般地想起那些学过的诗篇，懂得这就是生命，这就是诗意。

（四）言传身教，提升自己，感染生命

正所谓“亲其师，信其道”，学生，尤其是低幼年龄段的孩子，对教师有种天然的尊敬和喜爱。儿童和青少年时期是一个人“三观”形成的筑基阶段，这一时期，教师对学生们“三观”形成的影响不可谓不大。笔者很喜欢一句话：一个人可以没有大智慧，但必须要有大胸怀。作为小学教师，其实不需要多么高深的理论知识，但我们必须要有宽广的胸怀。一个热爱生命、懂得生活、热情乐观的教师，会在潜移默化中感染孩子们，从而影响学生对世界、对生命的态度。因此，教师除了凭借教学资源与手段教育学生，还应该从自身做起，发掘生命资源，以生命感染生命，成为受孩子们爱戴的教师。

一方面，教师要做到胸有丘壑。不仅要清楚生命教育的意义和重要性，通过多种渠道开阔眼界，不断学习新的自然、人文、社会等综合知识以扩充自身的知识储备；还要在日常工作中，善于发现生命教育的契机，并由此发掘每个孩子的生命潜能。另一方面，要保持良好的心态。正确看待自我，积极工作，乐观生活，用自身的人格魅力去感染孩子们。

总之，小学语文中生命教育要走的路还很长，如何让每个孩子都能从课堂中真切地感受到生命的美好与珍贵，如何让语文课更多地贴近孩子们的心灵与生活，还需要每一位教师的积极探索与实践。就让我们的课堂、我们的教育在这探索与实践中散发出生命的馨香吧！

第四章
教育情怀　且行且悟

“百千万”培养对象培训研修感悟

2015—2019 年，笔者参加了广东省中小学新一轮“百千万人才培养工程”第二批教育家培养对象培训研修，在培训单位华南师范大学的精心安排下，领导及导师的悉心指导下，笔者努力学习，认真完成了各项培训学习任务，同时，反思了之前的教育教学工作，更新了教育理念，在学校管理工作和教学风格上有所突破和提升。具体感悟如下：

一、 路漫漫其修远兮，吾将上下而求索

“如家教育思想”是笔者参加广东省中小学新一轮“百千万人才培养工程”第二批教育家培养对象培训研修后，笔者的理论导师李志厚教授及实践导师何树声校长在听取笔者的办学理念及教学思想，又到笔者工作的学校实地考察调研后帮笔者提炼出来的初步的教育思想。“如家教育思想”的核心是团结、包容、责任。

“如家教育思想”的体现就是在学校管理中始终贯穿“家”的概念，把所有家长团结起来，长期有计划地通过“家长学校”对家长进行教育培训，让家长懂得如何与教师共同承担教育孩子的责任；指导全体教师在教育教学中树立“人”的概念，陪伴学生，感染学生，教化学生，用建设“家”的理念建设班级文化，让师生充满幸福感，让师生舒心、家长放心，让人有亲切、温暖的“如家”之感。“家”是字典里最温暖的一个字，拥有世间最多

的依恋和牵挂，学校应成为师生的第二个家。“幸福”是词典里最温暖的一个词，拥有世间最多的感动和美好，学校应该成为师生追求理想和幸福的福地。将学校打造成为“幸福的家”，美好教育也就真正落地生根了。

“如家教育思想”要在勇毅笃行下再深入研究提炼，它不会也不可一蹴而就，真是“路漫漫其修远兮，吾将上下而求索”。

二、看似寻常最奇崛，成如容易却艰辛

对学校来说，不断提升教育教学质量是最关键的，这也是永恒的主题。在提升教育教学质量的过程中有两项看似寻常但又奇崛艰辛的工作必须持之以恒、落实到位，这两项工作就是教学常规的落实与家校合作的有效开展。把准、把稳、把细是教学常规落实的路径；把宽、把深、把活是家校合作有效开展的策略。只有把“教学常规”和“家校合作”这两项看似寻常的工作做好，教育教学质量才会有改善和改进。而且必须要有久久为功的韧性，正所谓“看似寻常最奇崛，成如容易却艰辛”。

（一）对教育教学质量观的思考

教育教学质量观是教师从事教育教学工作的价值取向和指导思想，决定着学校的培养目标，影响着其办学方向，指导着教师的教育教学行为。同时，教育教学质量应以素质教育为价值取向。素质教育是一种更高的质量要求，教育教学质量的核心就是全面素质的发展。大力推进素质教育，不是口号的堆积，也不是概念的演变，而是要真真切切地落实到教育教学质量的提高上。教育应以课堂为主阵地。课堂的质量决定着教育的质量，教师要不断改进课堂教学，最大限度地利用好有效的教学时间，最大限度地提高课堂教学的效率。

（二）对提升教育教学质量的思考

第一，推进学校自治与学校共治。当前，学校最需要做的变革就是“从他治到自治，从依附到自主”。学校层面的自治与学校层面的共治并不矛盾，而是并行不悖、两面一体的。自治不是校园内的校长专断专制，而是教师、学生、家长等利益相关者充分参与，教育专业组织积极介入的合作共治。其实质是建设依法办学、自主管理、民主监督、社会参与的现代学校制度。推进学校内部的合作共治，要点有四：一是推进多方主体共同治理；二是推进师生参与治理；三是推进家长参与治理；四是推进社会参与治理。

第二，科学的督导评价导向。科学的督导评价导向十分重要。其既需要

有可量化的教育教学数据，也需要有非量化的，如人文、情感、氛围、持续改善的动态感受等指标体系。而这些非量化的指标体系需要由长期对学校有了解有指导的专业部门来进行督导评价。

第三，对校长专业标准的对照实践。2013 年，教育部印发了《义务教育学校校长专业标准》，旨在借助专业标准提升义务教育学校校长队伍素质，指导义务教育学校校长全面促进学校发展，进而提升教育质量。笔者认为义务教育学校校长工作主要包括规划学校发展、营造育人文化、领导课程教学、引领教师成长、优化内部管理和调适外部环境。这六种活动是对校长工作的高度概括，既简明扼要，又系统全面。笔者经常对照这些标准进行思考反思，自查是否达成这些目标。

第四，促进教师专业成长。目前三板小学教师教学质量的普遍现象是：部分年轻教师的教学质量比部分年长教师的要好；部分代课教师的教学质量比部分在编教师的要好。针对此现象，学校在促进教师专业成长方面，从教龄上来说，主要抓两端促中间。同时，要注重教师培训的有效性和长期性，其最有效的方式是有计划、有层级地开展区本培训和校本培训。促进教师专业成长，更重要的是要有充足的时间保障教师专业成长。

三、 芳林新叶催陈叶，流水前波让后波

笔者在从教的三十多年里，始终保持一种静心教书、潜心育人、积极向上、奋发不已的状态，更深刻明白“芳林新叶催陈叶，流水前波让后波”所蕴含的哲理——春天里，茂盛的树林新长出的叶子，催换着老叶、旧叶；江河中，前面奔腾的流水退让给后起的波浪。没有陈叶就不会有新叶，没有前波亦不会有后波，新事物中包含了旧事物中的优秀成分，旧事物中孕育了新事物中的某些基因。2016 年，笔者晋升为正高级教师，2018 年成为广东省名师工作室主持人，这是新的起点，但笔者更意识到，要借助“广东省李彩芳名教师工作室”这个平台，为更多的青年教师提供更多的学习资源和更好的学习机会，并在这一过程中与青年教师一起学习，共同进步。不论碰到什么样的困难或挫折，永持乐观向上的态度迎难而上，让自己的心中永远留住这春天的美景，念念向善、念念向生。

四、 咬定青山不放松，千磨万击还坚劲

通过这次培训研修，笔者更加坚定了教育信念，就像清代郑燮在《竹石》中所写的：“咬定青山不放松，立根原在破岩中。千磨万击还坚劲，任

尔东西南北风。”只有意志坚定，勤学笃行，才可能成为一名有理想信念、有道德情操、有扎实学识、有仁爱之心的好教师；只有根基深才能力量强，在教育教学改革中，要面对现实，用顽强不息的生命力、以坚韧不拔的意志力去战胜困难。努力做一个塑造学生品格、品行、品位的先生，努力做一个塑造青年教师品格、品行、品位的导师。

教育部第九期全国小学优秀校长“国培”研修感悟

2016 年 3 月，广东省教育厅选派笔者作为广东省唯一的代表进入教育部第九期全国小学优秀校长高级研究班进行为期两年的“国培”研修，于 2018 年 3 月结业，并获得“优秀学员”称号。

研修期间，笔者非常幸运地成为北京师范大学资深学者褚宏启教授的学生。在褚宏启教授的严格要求和精确指导下，笔者在教育教学上的一些思考有了顿悟之感。改变以往工作时的思维方式，用做学问的严谨态度来研究工作，这是笔者最大的收获。

一、 教育改革的根本是课堂教学改革

笔者认为，教育改革的根本是课堂教学改革；课堂教学改革的根本在于教师，教师的专业发展状况决定了教育改革的成功与否。

笔者担任三板小学校长已有多个年头了。刚到任时，学校教师整体教学水平比较低，具体表现在课堂组织能力弱、教学能力低、课堂教学无章法。根据学校的实际情况，笔者着力建设高素质教师队伍，从端正教师工作态度到提升教师基本功，再到推进课堂教学整体改革，经过几年的实践，构建了学校的管理体系（包括教学管理体系和德育管理体系），学校也以较快的速度向好发展。在教学改革上，笔者谨遵“教学有法，教无定法”的原则，首先为教师找到教学的方向，然后才寻求教法的多样。于是，在经过多轮深入的探讨后，我们推出了“板块助推式”教学模式，并取得较好的教学效果。在德育管理中一边实践一边总结，推出适合本校的德育系列课程，尤为重要的是在家校合作中更加深入更加有效。

无论是教学改革，还是德育管理，我们实现了“五个穿越”：一是穿越学段，即打破改革传统，穿越学段边界，由学校层面统筹低、中、高年级，进一步明确各学段教育的功能定位、育人目标，避免各管一段的错位现象；

二是穿越学科，即统筹各学科，特别是充分利用思想品德、语文、音乐、体育、艺术等学科的育人优势，提升数学、科学、艺术等课程的育人价值，加强学科间的相互配合，发挥综合育人功能；三是穿越环节，即全面统筹课程标准、教材、教学、评价、考试等环节，发挥课程标准的统领作用，协同推进校本教材的编写、教学实施、评价方式、考试命题等各环节的改革；四是穿越队伍，即统筹一线教师、管理干部、教研人员、专家学者、社会人士等力量，形成育人合力；五是穿越场所，即统筹课堂、校园、社团、家庭、社会等场所，发挥学校的主渠道作用，加强课堂教学、校园文化建设和社团组织活动的密切联系，促进家、校、社会合作，营造协调一致的良好育人环境。

二、对教育创新有了科学的认识

一是真正的"教育创新"并不容易，不要轻言、妄言自己所为就是教育创新；二是不要迷信教育创新，有些教育创新并不必要，要考量创新与改革的成本问题；三是有用比新颖更重要，有用不新颖的老做法比新颖无用或者新颖有害的新做法更有价值；四是"拿来主义"并不丢人，凡事都想与众不同反而可笑，把别人的好做法、本地的好做法能"拿来"就是好的；五是不要"伪创新"，但要"微创新"，教育改革切忌大起大落、一惊一乍，教育经不起这样的折腾，我们需要循序渐进的小改革、微创新，这种改革与创新并不轰轰烈烈，但却扎扎实实。总之，我们要树立正确的教育创新观。

教师要有"三心"，即对学生要有耐心、爱心和责任心。

第一，教师必须具有超乎寻常的耐心。例如，某同学做错了事，教师及时指出并教育了他（她），他（她）当时改正了，并态度诚恳地保证再也不犯类似错误了，可是两天后，他（她）又会犯同样的错误，如此反反复复。所以，作为一名教师，尤其是低年龄段学生的教师，一定要具有超乎常人的耐心，因为孩子的教育不可能一蹴而就，其需要我们不断地去纠正。

第二，教师必须对孩子有真挚的爱心。陶行知先生曾说："爱是一种伟大的力量，没有爱就没有教育。"在日常的课堂教学中，我们经常会看到以下几幅画面。

画面一：上课时某学生因违反纪律，被教师请出座位或教室去反思。——批评教育学生是教师的权利，但是权利不能滥用。把学生请出座位或教室，让学生站一节课甚至更长时间，笔者认为这些都是变相体罚，又怎能谈得上爱心？

画面二：有些教师把未按时完成作业的学生请出教室，让他们趴在走廊的地上做作业。——这种做法，其实是教师自己在发泄情绪，在用变相体罚的方式“教育”学生，这是不可取的，不仅伤害了孩子的自尊心，而且这种情况下完成的作业质量也不高。遇到这种情况，我们可以换一种方式，让未按时完成作业的学生在课堂上做或者课后补回来都可以。

第三，教师必须要有为孩子终身发展规划的责任心，并且善于利用生活中的各种资源。笔者在教小学语文的时候，要求学生大量阅读课外书，订阅报纸杂志，还指导学生写简单的评论，等等。久而久之，学生的文学积累就达到了一定的程度，进而转化为学生的文化底蕴了。

教学基本功“宝典”

作为教师，要不断提升专业能力和基本素养，笔者结合自身多年的教学经验，总结了以下三点提升方法：

第一，饱览群书，厚积薄发。教师只有通过大量的阅读，积累丰富的词汇、优美的语句，在孩子面前才能出口成章，从而成为孩子们的崇拜对象。教师不仅要读适合自身年龄段的书籍，还要读孩子们的书。记得有一次，一个孩子“取笑”笔者说：“教师，马小跳你都不知道是谁呀？”是啊，马小跳是谁？笔者真不知道。后来了解到“马小跳”是当时一本畅销书中的主人公，孩子们很喜欢看那本书，很喜欢“马小跳”。于是，笔者就借来了这本书，认真地读完，并开玩笑地跟学生说：‘马小跳’有什么厉害的，李老师是‘马大跳’！”孩子们听了之后非常开心，觉得李老师可以成为自己的好朋友，就经常把好书推荐给笔者看，当然笔者也成功地推荐了更多的好书让学生课后阅读。

第二，勤听广播，锤炼语言。听广播不仅可以让我们关注社会动态，及时了解各方信息，还可以练习普通话，若经常收听新闻联播、诗词朗诵类节目，慢慢地，我们普通话的准确度和语感也会有所提升。

第三，幽默风趣，练就风格。学生普遍喜欢幽默风趣的教师，在幽默风趣的课堂中师生能轻松愉快地完成教学任务，且能达到高效学习。

课堂教学艺术境界

笔者认为，课堂教学的最高艺术境界就是面向全体学生因材施教。我国《义务教育法》第五章第三十四条指出：“教育教学工作应当符合教育规律和学生身心发展特点，面向全体学生，教书育人，将德育、智育、体育、美育等有机统一在教育教学活动中，注重培养学生独立思考能力、创新能力和实践能力，促进学生全面发展。”第四章第二十九条规定“教师在教育教学中应当平等对待学生，关注学生的个体差异，因材施教，促进学生的充分发展”。但在实际教学中，大部分教师没有真正做到因材施教。

要做到因材施教，首先，在课堂上教师要多给学生展示的机会。每个孩子都是一个独立的个体，个体之间又存在较大的差异，同一个问题，不同的孩子会有不同的想法。在提问过程中，我们可以让孩子从他人的回答中发现问题，寻找亮点，在分析中相互学习、相互提高，这样的学习效果会更好一些。

其次，我们在安排教学内容时要注意层次。教学内容要按难易程度来分，精讲多练。将问题按难易程度分层次提问，提高提问的覆盖面，多给学困生回答问题的机会，激发他们的学习积极性和自信心。

再次，我们要追求教学形式多样化。语文教学的基本任务就是落实听、说、读、写。要落实这四项基本任务，在不同时代有不同的教学方式，针对不同年龄段的学生也有不同的教学方法。因此，在教学中，我们要根据学生的年龄特点和认知水平对教学内容进行灵活处理。例如，在讲授一篇关于西部大开发的课文时，笔者就用演唱歌曲的形式作为情景导入，当歌词“哗啦啦的黄河水，日夜向东流”冲口而出时，所有学生的注意力都被吸引过来，精力集中在课堂上，接下来的教学也就轻而易举了。

最后，在课堂教学中要多关爱学困生。“爱”是学困生转变的原动力。对学困生要多关爱，多鼓励，多一分耐心，让他们克服自信心不足与焦虑。努力教他们学习的方法，让他们有机会参与每一次的学习，且每一次学习都有收获，让他们拥有获得感和成就感，重拾对学习的信心。

品味成长路　激发教育情

名师应是“师德的表率、育人的模范、教学的专家、科研的能手”。若要成长为名师，那绝不是偶然的，这是一个厚积薄发的过程。笔者于2008年被评为“珠海市首届基础教育系统名教师”、2009年被评为“广东省基础教育系统名教师”，但这并不表示笔者就是一位名师，只代表笔者一直朝着这个目标不断前行，享受过程，不设终点；坚守信念，从不放弃。

一、 学而不厌，诲人不倦

好教师的知识结构应当由三部分组成，即精深的专业知识、开阔的人文视野和深厚的教育理论功底。如果说课堂是教师的根，那么，教学理念则是一名教师的魂。教学理念的形成，一靠实践提炼而成，二靠阅读积淀与扬弃。教师的阅读视野，直接决定了其理论的高度与深度。因此，一名有所作为的教师，必须要重视阅读。笔者是一名语文教师，于笔者而言，由于自身古典文学和哲学修养的不足，决定了自己要以为学生生命奠基为追求，必须靠读书学习进行弥补和进修。笔者阅读名家著作、经典作品，以加深自身底蕴，提高自身学养；阅读儿童读物，了解学生的好恶，以寻找共同语言，拉近师生间的距离；要求自己每天至少看半个小时的教育教学书刊，对自己有感触的或认为重要的内容进行摘录。

二、 干字当头，成就未来

对于自己今天所取得的点滴进步，如果说是成功的话，那是因为笔者敢于吃别人不愿吃的苦头，乐于花别人不愿意花的时间，敢于下别人不愿下的苦功。成功之路没有捷径，只有干字当头，才能成就未来。笔者相信勤能补拙，更坚信天道酬勤。

在教育工作中，一边教书，一边从事教学研究，或许是笔者能取得点滴成绩的关键所在吧。从教语文学科30多年，笔者始终围绕一个问题——如何在语文课堂上为学生的终身文化底蕴奠基，为此笔者不断研究、实践、反思。经过多年的课堂实践、课外验证，进而确定了自己在语文教学中的研究课题——“小学语文国学教育的研究”。国学最主要的特点是它鲜明的人文精神，这种人文精神表现为注重现实人生的意义，具体地讲就是注重人生伦理价值与艺术品位，注重人生的自我修养。语文教学不仅要引导学生学习语言知识，还要关注学生的全面发展，做到知、情、意、行的统一。语文课程，对传承和弘扬中华民族优秀传统文化，具有独特的学科优势和不可推卸的责任。因此，通过语文课堂教学渗透国学教育，是笔者一直坚持研究实践的课题。正所谓“好记性不如烂笔头”，在研究实践中，笔者坚持动笔，写下自己教学中的得与失；写下读文章、听讲座、听课过程中闪现的思维火花；还有写教学札记、教学案例、教育叙事、教学随笔、经验总结、教研论文等等，持之以恒，几年下来，也累积了一些让自己颇为欣喜的文字。

三、坚守课堂，激发动力

课堂，是教师劳作的田地，只有把根深深地扎在这块肥沃的土地上，结出的果子才会香甜，这就是所谓的根深叶茂吧。从教30多年来，笔者的工作岗位不断发生变化，但笔者一直坚守在教学一线，立足课堂教学实践与研究，并给自己的课堂教学定了一个方向：实行全程开放，任何时段、任何教师均可随时进入笔者的课堂听课。不为别的，只是认为只有真实的课堂才具有生命力，让同行不断地指导自己，让自己不断地向同行学习，“知人者智，自知者明”，人只有看清自己，接纳自己，才能重塑自己。要当一流的教师，就要当一流的学生。教学是遗憾的艺术，只有经常反思，才能提供养料；只有坚守课堂，才能激发动力。

四、练就本领，追求风格

笔者认为，课堂教学的最高艺术境界是面向全体学生因材施教。要做到面向全体学生因材施教，并非易事。但要学生乐于听课，主动学习，教师要形成自己独特的教学风格。听过笔者公开课的同行都说笔者的教学风格独特。教学风格的产生就像化茧成蝶一样，不知不觉就有了。

教育是一项用生命影响生命的事业。当孩子走进校园，开启生命的体验时，教育给予他们的是快乐还是痛苦，是提升还是压抑，是创造还是束缚，完全凭着教师的职业素养和职业行为。

让我们一起学习吧，只有学习才能夯实教师成长的基础；让我们一起反思吧，敢于反思才能加快教师成长的步伐；让我们一起坚守吧，唯有坚守才能激发教师成长的动力；让我们一起练就吧，只有练就才能形成教师独特的风格！

附录
同事眼中的三板小学

儒家三板，幸福起航

青年教师　董雯瑶

和学校的前辈们相比，我是这个大家庭的新成员。很庆幸自己能够走进三板小学，在这里我得到的关爱不止于工作中，还体现在生活上的方方面面。

入职之前出于好奇在网上搜索了与三板小学相关的内容，当时显眼的“如家”理念，让我觉得很新颖。在今天，与学习、发展相关的理念比比皆是，但几乎没见过和“家”相关的治校办学理念。第一次来学校坐立难安时，陈主任热情地给了我一个橘子，让我紧绷的神经放松下来，接着见到了刚刚下课回来的潘建文副校长，他仔细问了我的情况还告诉我学校宿舍已经准备好了我的床位，让我觉得很暖心。后来去见了李彩芳校长，她当时正穿着一身运动装在花园里拔草，隔着围栏对我嘘寒问暖，我从未见过这样有生活气息的校长，那样和蔼可亲、平易近人。“如家三板”的理念在我的第一印象中已经渐渐清晰。

入职后的日子里，我在专业知识方面得到了很多教师的指导。同年级的教师对我很照顾，我经常跟在他们身后请教各种问题，教师们都很耐心地给我出谋划策，毫无保留地帮助我成长。每次上公开课后，教师们都会给我最中肯的建议，有不足之处大家也会毫不避讳地直指出来，后来我不再怕有人来听课，因为我知道每一位听众都在伸出最真诚的双手带我在这条路上前进。

“如家”，不仅体现在同事间的互帮互助，也体现在学校与家长之间的合作互动中。在清晨、在傍晚、在雨中，我们都会看到家长志愿者尽职尽责地帮助孩子、其他家长，那些“红马甲”也是三板小学一道亮丽的风景线。生活就是教育，教育渗透在每一个细节中，更在耳濡目染中影响着孩子们。“如家三板”，在舒心的氛围中与大家并肩作战，是我们幸福起航的动力源泉。

春风十里不如你

青年教师　刘　倩

白驹过隙，带着初入职场的懵懂稚气，带着工作后沉甸甸的收获，我在三板小学跨过了第二个年头。回首过往，唯有“感恩”二字，方能表达我满心的幸福感！

记得刚入职第一个月，李彩芳校长为了锻炼新教师，“钦点”我作为教师代表参加“一师一优课”的录制。在全校大会上，李彩芳校长投向我的那抹坚定信任的眼神令我至今记忆犹新，她仿佛在说：“学校应该多给年轻教师磨炼和展示的机会！小倩，你去试试！”当时刚走上讲台不久的我，内心充满了惶恐和不知所措，唯恐辜负校长对我的一片期望。但三板小学这个团结友爱的团队让我发现自己的担心是多余的，在李彩芳校长的安排下，学校迅速组织了一支专业、高效的团队为我的比赛“保驾护航”，在潘健文副校长的带领下，以谭燕教师为核心的语文课组成员不厌其烦地帮我进行了一轮又一轮的备课、磨课、评课。从 PPT 的制作到着装的搭配，都对我进行了全面的指导。终于，在大家齐心协力的帮助下，我的优课《小木偶的故事》荣获了市、区的奖励。这一难忘的经历，给了我极大的信心，也鞭策着我奋勇前进。

春风十里不如你，“如家三板”，感恩有你！

扎根乡村的女校长

中年教师　张铁军

2010 年三板小学校长李彩芳提出“如家三板”的理念，在她的带领下，“如家”思想开始在三板小学这所农村小学扎根开花。

李彩芳校长刚到三板小学上任的第一天，就在一间破旧简陋的教师办公室召开了第一次全校教职工会议，会议决定由李彩芳校长向珠海市教育局请示推迟一周开学，原因很简单，学校当时正在进行校园安全工程的加固，虽然已接近尾声，但整个校园一片狼藉，水泥及建筑垃圾堆满课室、走廊。在那一周里，李彩芳校长亲力亲为，用自己的行动和感染力去激发每一位教职员工，在大家的共同努力下，三板小学如期开学了。

如今，学校的校容、校貌发生了脱胎换骨的变化。其变化不止简单的表面变化，更重要的是每一位教师的精神面貌、学校的教育内涵都得到了前所未有的发展和进步，“如家三板”真正地做到了表里如一。

在李彩芳校长的带领下，全体教职工坚持“生活就是教育，教育就是服务”的办学理念，全面贯彻实施“从善、乐学、求真、创新”的校训，在教育教学中渗透校训内涵，推行“如家三板”的校园文化、班级文化和“家庭式”概念管理特色，将三板小学发展为具有“阳光体育大课间”“二胡”等独特艺术特色的学校。三板小学也先后被评为区、市德育示范学校。在推行深化教学改革中，三板小学不断加强教师业务基本技能的锻炼，制订措施夯实教学内功，推动教师“三字一话”的常规练习，层层落实、人人参与，为整体改革打好扎实的基础。

在近几年，教学改革已收到成效，并迈出前进的步伐，积极推动学校各项工作迈上新台阶。

老教师在教学改革中成长

老年教师　李东琴

新课程改革已经实施十余年了，作为一名小学语文教师，我积极参与到课改的大潮中。作为一名一线教师，我深刻地体会到，改革，首先就要“革”思想，有了全新的思想，才能有全新的作为。新课程改革强调对学生进行发展性评价，评价内容包括学习潜能、学习成绩、学习愿望和能力等，方法上将突出过程评价，分数不再是唯一的衡量标准。在教学中，应充分关注学生的情感态度变化，采取积极的评价，较多地运用激励性的语言，如“说得真好”“你懂得真不少”“你的想象力非常丰富”“真聪明”等等，调动学生积极探求知识的欲望，激发学生主动学习的积极性，让每位学生体验成功，增强自信心。改革过程中，难免会存在一些问题，如思想观念更新了，教师角色地位也转变了，但教师未能掌握要领，还是纸上谈兵，没有确确实实地落实到教学中。李彩芳校长推出的教学改革，使我真正掌握了新课程改革的要领，也真实体验到改革的好处。具体如下：

李彩芳校长推出了新的备课理念，要求教师每一课时有一个教案、一个学案和一份课件，真正树立以人为本、以读为本、以创新为本的现代教学理念。开始教师们不知道该怎么做，在李彩芳校长的精心指导下，第一批教案、学案、课件出炉了，这些课件需要经过各年级任课教师的二次备课才能正式使用。用这些课件上课，不但减少了教师的烦恼，也激发了学生学习的兴趣。

在备课的基础上，还力求教师们掌握上课的艺术，让教师们重新审视自己的知识结构，看到自己存在的缺漏和差距，在吃透课程标准、精研教材的同时，花大力气，下大功夫，深入学习所教学科的新理论、新知识，把握专业领域发展的前沿动态，及时吸收专业推出的新成果，以形成能适应新教材教学要求的过硬的业务功底。

参 考 文 献

[1] 马忠虎. 家校合作 [M]. 北京：教育科学出版社，1999.
[2] 黄河清. 家校合作导论 [M]. 上海：华东师范大学出版社，2008.
[3] 刘欣宝. 家校合作创新模式与国内外经验借鉴 [M]. 哈尔滨：哈尔滨地图出版社，2006.
[4] 赵忠心. 中国家教之道 [M]. 南宁：广西科学技术出版社，1991.
[5] 谢弗，等. 发展心理学：儿童与青少年 [M]. 9 版. 邹泓，等译. 北京：中国轻工业出版社，2016.
[6] 杭州教育学会. 让家长更理解教育 [M]. 北京：中央文献出版社，2004.
[7] 罗炳之. 外国教育史 [M]. 南京：江苏教育出版社，1984.
[8] 叶圣陶. 叶圣陶语文教育论集 [M]. 北京：教育科学出版社，1980.
[9] 施建农，徐凡. 发现天才儿童 [M]. 北京：中国世界语出版社，1999.
[10] 李白坚. 走向素质教育 [M]. 上海：上海科学技术文献出版社，1998.
[11] 丁证霖，等. 当代西方教学模式 [M]. 太原：山西教育出版社，1991.
[12] 徐越化. 中学语文教学法（修订版）[M]. 上海：华东师范大学出版社，2000.
[13] 德廖莫夫. 美育原理 [M]. 吴式颖，译. 北京：人民教育出版社，1984.
[14] 华特士. 生命教育：与孩子一同迎向人生挑战 [M]. 林莺，译. 成都：四川大学出版社，2006.
[15] 中华人民共和国教育部. 义务教育语文课程标准（2011 年版）[M]. 北京：北京师范大学出版社，2012.
[16] 马袁哲. 小学家校合作问题研究：以长春市西五小学为例 [D]. 延边：延边大学，2014.
[17] 张会莲. 小学家校合作的问题及其对策：以潍坊市奎文区为例 [D]. 烟台：鲁东大学，2014.
[18] 王卫军. 小学家校合作存在的问题及管理对策研究 [D]. 大连：辽宁师范大学，2015.

[19] 杨敏．美国中小学家校合作的实践探析及启示［D］．重庆：西南大学，2007．
[20] 陈忠贤．小学教师对家校合作的态度及其影响因素研究［D］．上海：华东师范大学，2015．
[21] 罗伟娟．关于家校沟通内容和形式的研究［D］．上海：华东师范大学，2006．
[22] 秦逸韵．小学家校沟通与合作的研究［D］．武汉：华中师范大学，2013．
[23] 孙冬槐．小学家校合作现状及改进策略研究［D］．大连：辽宁师范大学，2015．
[24] 周利群．中学教育家校合作的现状调查与推进策略研究：以陕西省商洛市为例［D］．西安：陕西师范大学，2012．
[25] 姜超．中学家校合作的问题透视与对策研究［D］．长春：东北师范大学，2013．
[26] 陆春晔．影响小学家校合作的主要因素及应对策略［D］．苏州：苏州大学，2010．
[27] 梁蓉．论班导师制的实施［D］．成都：四川师范大学，2010．
[28] 刘晓．基础教育“家校合作”的探析［D］．武汉：华中师范大学，2006．
[29] 尉诚．农村中学家校合作途径研究：基于密云县河南寨中学的研究［D］．北京：首都师范大学，2012．
[30] 杨雪梅．城市小学家校合作问题及策略的研究［D］．昆明：云南师范大学，2007．
[31] 南丁．探索家校合作的有效途径：日本的PTA给我们的启示［J］．内蒙古师范大学学报（教育科学版），2002（2）．
[32] 褚宏启．自治与共治：教育治理背景下的中小学管理改革［J］．中小学管理，2014（11）．
[33] 刘翠兰．家校合作及其理论依据［J］．现代中小学教育，2005（10）．
[34] 岳瑛．我国家校合作的现状及影响因素［J］．天津市教科院学报，2002（3）．
[35] 席春玲．家校合作理论研究述评［J］．当代教育论坛（综合研究），2010（4）．
[36] 范秀双．论学生家长参与学校教育的权利［J］．教学与管理，2000（8）．
[37] 马忠虎．如何使家长参与到学校教育中来［J］．比较教育研究，1994（5）．

［38］杨天平．美国家长参与学校教育管理的六项标准［J］．南京广播电视大学学报，2003（1）．
［39］周雪莲，李双龙．试析中小学家校合作的问题及对策［J］．消费导刊，2010（7）．
［40］罗福建．大学家校合作：问题、原因与对策［J］．浙江师范大学学报（社会科学版），2009（2）．
［41］胡书英．中小学家校合作中的问题与对策［J］．教育科学论坛，2016（12）．
［42］李国强．家庭社会资本：家校合作的重要影响因素［J］．中国教育学刊，2009（11）．
［43］刘翠兰．影响家校合作的因素分析与对策研究［J］．当代教育科学，2006（20）．
［44］王彬，王成．影响小学家校合作的主要因素及应对策略［J］．西部素质教育，2017（3）．
［45］顾玉飞．当前家校合作的现状和影响因素［J］．课程教育研究，2016（6）．
［46］梁红梅，李刚．当前家长参与学校管理的困境、归因与路径选择［J］．当代教育科学，2010（22）．
［47］李进忠．走向共同责任的家校合作：国外的经验和我们的实践［J］．基础教育参考，2004（7）．
［48］王小琴．浅谈家校结合教育的问题［J］．时代教育（教育教学版），2008（2）．
［49］杨艳．有效家校合作途径探索［J］．中小学心理健康教育，2014（5）．
［50］赵福江．中小学家校合作的现状及其对策［J］．教育理论与实践，2008（16）．
［51］夏军英．昆山外来务工子女德育创新途径［J］．中国校外教育，2015（3）．
［52］谢群锋．浅析家庭教育在“三结合”教育现实中的一些困惑［J］．教师，2013（7）．
［53］周大平．求索中的家长委员会［J］．教育，2012（8）．
［54］黄河清．美国家校合作管窥［J］．教育评论，2008（6）．
［55］邹强．国外家校合作问题研究及其启示［J］．教学与管理，2011（10）．
［56］岳盼盼．用博客构建小学家校合作模式初探［J］．中国教育信息化，2009（4）．

[57] 华东师范大学教育学系《外国家长教育》课题组．英国家校合作探微［J］．外国中小学教育，2008（10）．
[58] 方华．家校共育赢未来：对家校合作教育的思考［J］．江西教育，2014（1）．
[59] 杨俊．关于小学家校合作现状的调查研究［J］．教学与管理，2006（26）．
[60] 刘力．家长参与学校教育的功能及方式［J］．教育研究与实验，1992（1）．
[61] 崔鸣国．家校互动创建学习型家庭［J］．中小学管理，2003（11）．
[62] 马忠虎．对家校合作中几个问题的认识［J］．教育理论与实践，1999（3）．
[63] 徐彬．2014 年以来我国综合素质评价的研究现状与前景展望［J］．教育测量与评价，2019（2）．
[64] 林东富，朱于新．校本管理在新课程改革中的作用［J］．教学月刊（中学版），2006（22）．
[65] 迟成勇．国学概念之辨析［J］．学术探索，2010（2）．
[66] 黄济．在中小学如何开展国学教育［J］．课程·教材·教法，2015，35（2）．
[67] 李正权．基于 SaaS 云平台利用人工智能技术快速构建企业应用的解决方案［J］．科技创新发展战略研究，2019，3（2）．
[68] 叶圣陶．大力研究语文教学，尽快改进语文教学［J］．中国语文，1978（1）．
[69] 于秀兰，沈益亮．古诗教学“六字诀”［J］．江西教育，1997（11）．
[70] 詹喜发．论语文课堂教学中板书的重要性［J］．文学教育（中），2014（4）．
[71] 王红梅．书田品真味，心地育兰芝：用文本唤醒孩子的生命意识［J］．考试周刊，2013（38）．
[72] 肖毅彪．别忘生命教育［J］．中小学心理健康教育，2006（7）．
[73] 王大军．浅谈家校共建，凝聚教育合力［J］．学周刊，2018（14）．
[74] 陈毓霞，柳俊霞．家庭教育和学校教育的一致性探索［J］．新课程（下），2011（6）．
[75] 魏志彤．浅谈学校和家庭教育影响一致性的实践途径［J］．中小学电教（下），2013（3）．
[76] 魏宏舜．精诚而齐心　协力以致远：对家校共育共建工作的几点思考［J］．甘肃教育，2018（6）．

[77] 李明新，邓学军. 家校握手　共建育人生态：以“促进教育”为价值引领的家校协同教育实践探索［J］. 北京教育（普教版），2016（12）.
[78] 陈文颖. 心手同牵　与孩子一起成长：家校合育，共建孩子精彩童年［J］. 教育科学论坛，2015（24）.
[79] 马夏新. 再谈语文教学方法［J］. 小学教学参考，2018（1）.
[80] 张丽，张影权. 提高语文教学效率的策略探析［J］. 汉字文化，2018（8）.
[81] 朱小蔓，王平. 陶行知的生命教育思想与实践［J］. 江海学刊，2019（1）.
[82] 傅国亮. 三大转变：“家校合作”再认识［N］. 光明日报，2018-02-27.
[83] 杨雄. 学校教育与家庭教育的边界在哪里［N］. 光明日报，2018-02-27.